リヒャルト=フォン=
ヴァイツゼッカー

JN145725

ヴァイツゼッカー

・人と思想

111

CenturyBooks 清水書院

目次

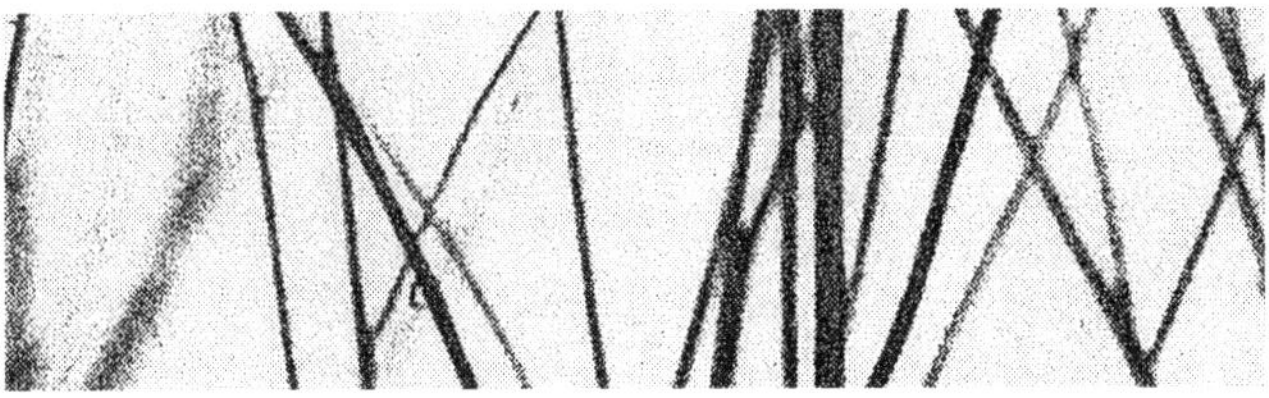

リヒァルト=フォン=ヴァイツゼッカー関連地図

第一章　テキスト「一九八五年五月八日」

第一節　〈あの演説〉

あの偉大な演説

一九九〇年一〇月三日、統一ドイツが誕生した。その初代大統領になったのが、リヒャルト＝フォン＝ヴァイツゼッカーである。たまたま統合時に西ドイツ、ドイツ連邦共和国の大統領であったので、自動的にそのようになったのである。しかし、このことをまことに多くのドイツ人が喜んでいる。ちょうどよい時に、この人が大統領であったというのである。

リヒャルト＝フォン＝ヴァイツゼッカー、この大統領の名は、日本でも比較的よく知られているのではなかろうか。戦後、ドイツ連邦共和国の大統領制度によって選出された大統領は、ヴァイツゼッカーを含めて六名に達するが、おそらくそのすべての名を直ちに挙げ得る日本人は、それほど多くはないであろう。それどころか、その内の何人の名を今なお記憶しているであろうか。しかし、多くの日本人が、ヴァイツゼッカーの名は知っているであろう。それも、この人が、現職の大統領であるからと言うだけでもなく、脚光を浴びた劇的なドイツ統合の出来事と結びついて、その最初の大統領になったということによるだけでもないであろう。

私がドイツの友人たちと語っていて、ヴァイツゼッカー大統領の名を口にすると、ほとんどの友人が、まず口にするのは、〈あの演説〉のことである。私どもがリヒャルト＝フォン＝ヴァイツゼッカーという名を口にすれば、すぐに言う。「ああ、あの演説はすばらしかったね」と。そう言えば、誰にでも、いったいそれは何を意味するかは自明のことのごとくである。そして実際に、誰もがそれが何を意味するかを知っているのである。

聖書を意味する言葉、英語で言えば、〈ザ・バイブル〉が、本来「書物」を意味するギリシア語「ビブロス」を英語化した「バイブル」に、定冠詞をつけたものであることは知られている。つまり、もともとは書物を意味するだけであり、それに定冠詞をつければ、〈あの書物〉ということになるが、長いキリスト教の伝統に生きる人びとにとっては、〈あの書物〉と言えば、聖書以外にはないのである。聖書は、書物のなかの書物なのである。ふとそれを思い起こさせるような口調である。なかには、〈あの偉大な演説〉という人もある。

言うまでもなくそれは、一九八五年五月八日、ドイツ国民にとって忘れ難い敗戦記念日、それも敗戦後四〇年を経たその日に国会でなされた大統領リヒャルト＝フォン＝ヴァイツゼッカーの演説のことである。私は、その一年後の一九八六年の秋からハイデルベルクに滞在したが、なおそれは話題になっていた。ハノーファー近郊にある友人の家に滞在した時には、既にレコードになっていた演説を聞かせてもてなしとしてくれたこともある。肉声で聞くそれは、確かに感動的であった。演説がなされて以来五年を経て、一九九〇年、統合直前にドイツに旅行したときにも、何人もの人びとがまだこの演説のことを語っていた。あるジャーナリストが、この演説だけがあまりにも有名になったために、ヴァイツゼッカーが他の機会に語った重要な発言の影が薄くなったと嘆くほどなのである。

演説する大統領（1985.5.8）

「一九八五年五月八日」

一九八五年五月八日、この日に国会議事堂に集まったのは、国会議員だけではない。外交官、諸団体の代表者、青年代表者、戦争やナチの迫害の犠牲者、その遺族たち、ほぼ七〇〇名の者が集まっていたのである。そのすべての人びとが息をのんで聞いたと言われる。直ちに演説全文がジャーナリズムを通じて全国に伝えられた。この演説に関して大統領にドイツ国民が寄せた手紙は六万通を越えたと言われる。なかなか厳しい体制批判をすることが多い作家ハインリヒ＝ベルでさえも、これを高く評価して、放送を通じて、この演説を義務教育の教科書に掲載されるべきであると要望した。実際に多くの州政府教育機関が、演説本文を生徒に配ったし、演説はレコード、カセットテープ、ビデオテープとしても作られ、広く国民の間に行き渡った。一年間で配布された演説コピーは、一五〇万部となったと言われる。全世界でも翻訳が試みられた。二二の外国語に翻訳されたと言われる。日本でも比較的早く訳され、同年一一月号の雑誌「世界」に掲載され、好評であったのか、続いて『荒れ野の四〇年』と題して出版された（岩波ブックレット）。ドイツ大統領の演説が、日本で、そのようにして広く読まれたことは初めてである。ついでに言えば、この訳書の表題は、日本語訳特有のものであるが、なかなか適切である。日本では、この訳書名で演説そのものが呼ばれることがある。この訳書によってヴァイツゼッカーの名が知られるようになったひとつの功績は、この表題そのものに帰せられるとも言えよう。ここにこの演説についての訳者の解釈が示されている。実際にその手続きが取られたのかどうかを知らないが、大統領自身も同意を求められたとすれば、喜んで同意したであろうと思う。特にキリスト教的背景を前面に出している点でも評価してよいのである。なおついでに言えば、この演説を若い人びとに勧めようとした意図は、ただ内容に関してだけではなくて、現代ドイツ語の模範としてよいほどのものとして、その文章が評価されたのである。品格のあるリズムと響きを持つものとされたのである。

しかし、ドイツ語原文には特別な表題がないのである。表題なしで語ったのであろう。それでもなお出版に際して表題をつける場合には、まことに単純に「一九八五年五月八日」とすることが多いようである。これも、しかし、なかなか意味が深いと思う。特にドイツ人にとってはそうであろう。その基礎になっている一九四五年五月八日自体が、歴史的意味を持っているのである。それはちょうど、われわれ日本人にとって、一九八五年八月一五日という日付が持つ重みと同じである。そのために、表題をつけて呼んだとしても、〈五月八日の演説〉と呼べば、それで分かるのである。

ドイツに住む、私の友人の、ある大学教授の妻は、かなり政治的な活動に参与しており、しかも、SPD（ドイツ社会民主党）の熱心な支持者であり、その政党活動にも参加している。しかし、対立党の出身であるヴァイツゼッカーについては好意的である。あるとき、こんなふうに言った。

「あのいつもすみっこにいて静かにしていると思っていた人、あの精力的なコールさんの陰に黙って座っているだけと思っていた人が、突然こんなに大きな存在になってしまって」と。それももちろん、〈あの演説〉を高く評価してのことである。現在のドイツの首相として、その堂々たる風貌と声とをもって知られるヘルムート＝コールとヴァイツゼッカーとは、政治的経歴の長さは、ほぼ同じほどであるし、最初からよく協力した盟友とも言える。しかし、またきわめて対照的な政治家のタイプを示している。着実な働きをしておりながら、長い間、ヴァイツゼッカーは、コールの影の存在のように思われてきたようなのである。その上に、兄カール＝フリードリヒの物理学者としての名声のほうが早くから、しかも長期にわたって高かったこともあり、そこでも、影の存在と考えられたのである。それだけに、この演説の与えた目の覚めるような衝撃は、心に残ったのであろう。

ヴァイツゼッカーが、〈あの演説〉でしたこと、それは敗戦後四〇年をも経たところで、ありきたりの式典演説をしたのではなくて、人の心を打つ言葉で、ドイツ国民の罪責を告白し、悔い改めを語り、過去をしっかり見つめる以外にドイツ国民の現在も将来もないことを明言したことにある。ただし、われわれ日本人が特によくわきまえるべきことかもしれないが、ヴァイツゼッカーが語ったことがすべて新しいことであったのではない。むしろ、代々の大統領が折あるごとに口にしてきたことである。初代大統領テオドール＝ホイスが、一九五二年に、ゲルゼンキルヒェンにあったナチの強制収容所跡に記念碑を建てて、ナチの犯罪にはドイツ人すべてが関わりがあると語ったことも、第四代大統領ヴァルター＝シェールが、敗戦三〇周年に、アドルフ＝ヒットラーを選んだのは、ドイツ人自身であったことを思い起こさせたことも、ドイツ人の間では知られていることである。ヴァイツゼッカーは、それらの言葉を語った大統領たちの伝統を継承したに過ぎないとも言える。しかし、それならば、なぜこの人の言葉が、これほどの衝撃で新しく聞かれたのであろうか。なぜ、現在のドイツの歩みを定める上で決定的とも言えるような役割を果たしたのであろうか。むしろ四〇年もたって、ドイツ国民の中に、既に免罪意識も芽生え始めていたかもしれないところで、率直に、集中的に、自分自身が苦しんできた歴史の過去の重荷、民族の罪責の重さを語り、しかも、そこからの解放の道、和解の道をすら語り得ているのである。この演説の残した波紋は大きい。

まず〈演説〉を読もう

最近、ドイツの出版界で、ヴァイツゼッカーの言葉を集めた書物と、ヴァイツゼッカーについての書物が相次いで刊行されている。その全部を日本の一都市の牧師である私が入手し得ているか心もとないと思うほどにきびすを接して刊行されている。これまでも新しい大統領が選出されると、その人に関する出版がなされてきた。あるいは辞任後に回想録が発表されることもある。しかし、ヴァイツゼッカーについては、これまで前例がないほどに出版物が多くなっている。それは、この人の依然として衰えない人気を反映しているのであろう。しかも、そのほとんどが、この〈演説〉のテキストを掲載し、あるいはこの演説をめぐって語っている。あるものは、まずその巻頭にその全文を掲げている。それは、それに続く全巻の叙述が、すべてこの〈演説〉を理解するために書かれることを意味しているかのようである。そして、その態度は、ひとつの正しい態度であると私は思う。少なくとも、このような演説をするリヒャルト＝フォン＝ヴァイツゼッカー大統領とはいかなる人であるかに、人びとの関心が向けられているからこそ、そうした出版物が生まれているのであろうと思う。

もちろん、ヴァイツゼッカー大統領に、あまり関心を持たない人もいる。私の知人で、あるドイツの大学の自然科学系の研究所にいた人に聞くと、その同僚のドイツ人たちは、ほとんど関心を持たず、自分が演説本文を配って歩いたが、あまり興味を示してもらえなかったと、苦笑していた。そうした無関心な人びとと共に、最近目立ってきた、いわゆるネオ・ナチと呼ばれる右翼的な思想の持ち主たちにとっては、現在の大統領の存在と言動は、むしろ苦々しいものであることは明らかである。それだけに、これからのドイツの歩みを真剣に考え、行動する人びとにとっては、大統領は重要な存在となっているのである。

われわれ日本人が、ここで、リヒャルト＝フォン＝ヴァイツゼッカーの思想について学ぼうとするとき、その関心がどこから生まれたかを問われれば、やはり、この〈演説〉からであったことを否定することはできないであろう。多くの人が、この〈演説〉の一節を引用して語ったり、書いたりすることが多くなっている。そうとすれば、そのためにいささかの役に立ちたいと願うこの小さな書物も、まず読者とともに、この〈演説〉を改めて読むことから始めたいと思う。これがわれわれに与えられている〈テキスト〉である。それに続く叙述は、このテキストをよりよく読み、理解し得るようになるための努力とも言えるのである。そして、そこで明らかになるであろうことは、実際に、この演説が、どれほど豊かにヴァイツゼッカーのすべてを言い表しているかということである。

次に紹介する演説本文は、改めて私の責任において訳したものである。ドイツ語のテキストは、いくつかあるが、これは大統領府が刊行する、大統領の公的な発言の記録に基づいている。各段落の区切りも、その原文に即している。また演説のなかで言及される事柄、人物、用語などで、解説を必要とするものもあるかと思われるが、このような書物においては、それも少々煩雑であるので、僅かなことを本文のなかで注記したほかは、省略している。それをお許しいただきたい。

第二節　テキスト「一九八五年五月八日」

I

多くの国民がきょうこの日を記念しております。この日に、ヨーロッパにおいて、第二次世界大戦が終結したのであります、この日、それぞれの運命にふさわしい仕方で、それぞれの国民がそれぞれの思いを抱いているのであります。勝利あるいは敗北、不正と異国の支配からの解放、あるいは、新しい従属状況への移行、国家分裂、新しい同盟関係、力づくの権力移行、それぞれの国がそうした運命を経験しました。――かくして、この一九四五年五月八日は、ヨーロッパにおける決定的な歴史的な意味を持つ日付となったのであります。

われわれは、この日の記念行事をわれわれだけで行っております。これは、当然なすべきことでありります。われわれは自分たちだけでこの日を記念する基準を見出さなければならないのであります。自分たちの感情を自分自身で抑え込んでしまったり、他人がこれを抑えつけたりしても、何の役にも立たないでありましょう。われわれは、自分を飾らず、一方的にもならず、自分にできるかぎり、真実を見つめなければならないし、そのための力を持っているのです。

五月八日、この日は、われわれにとっては、何よりも人間が何を苦しまなければならなかったかを思い起こす日であります。同時にわれわれの歴史の成り行きについて思いを深める日でもあります。正直なこころでこの日を記念すればするほど、より自由に、この歴史のもたらしたものに対して責任を取ることができるようになるでありましょう。

五月八日は、われわれドイツ人にとっては、祝うべき日ではありません。この日を体験した覚えのある人びとは、きわめて個人的な、それだけにそれぞれにまったく相違する経験を思い起こします。故郷に帰れた人もあれば、故郷を失った人もあります。この日に解放された人もあれば、捕えられた人もあります。空襲に脅えた夜と不安とが過ぎ去ったこと、いのち長らえて過ごし得たことを、ただ感謝するばかりという人も多いでありましょう。他方、祖国の完全な敗北に苦痛を覚えた人も多いでありましょう。幻想が打ち砕かれて苦い思いで立ち尽くしたドイツ人もあり、新しく生き始める機会の与えられたことを感謝したドイツ人もあるのです。

すぐに明確に自分のこれからの道を見出すことは困難でありました。不確かな思いが全土を支配していました。軍事的には無条件降伏でありました。われわれの運命は敵の手中にありました。過ぎ去った過去は恐ろしいものでありました。特にわれわれの敵の大部分にとっても、恐ろしいものであったのです。われわれには彼らにしたことのさまざまな償いをわれわれに求めないことがあるとは思えませんでした。

戦争中は、大部分のドイツ人が、自分たちは、祖国にとってよいことのために戦い、苦しまなければならないのだと信じこんでいました。そして、今や明らかにならざるを得なかったこと、それは、ただ単に、そのすべてが無駄であり、無意味であったというだけではなくて、犯罪的な政権が目指した非人間的な目標の達成に役立ってしまったということであります。多くの人々のこころに刻まれたのは、疲れ果てた思い、途方に暮れた思い、そして新しく生まれた憂慮でありました。これでもなおもう一度一緒に生きていく仲間を見つけることができるであろうか。この廃墟に新しい建設を始めることに意味があるのであろうか。

われわれの目は、暗い過去の深淵に向けられ、また前方を見ても暗い不確かな将来を見るばかりでありました。

しかもなお日を重ねるに従い徐々に明らかになってきたこと、それは、今日ではわれわれのすべてにあてはまることとして言いうること、五月八日とは解放の日であったということであります。この日は、われわれのすべてをナチズムの暴力的な支配の人間蔑視の体系から解放してくれたのであります。

もとより、誰にしても、この解放に心奪われて忘れてしまうことはないでありましょう。まさにこの五月八日を契機に、どんなに重い苦しみが多くの人々に始まり、続いて来たかを。だがしかし、こういう形で戦争が終わったからこそ、故郷を逃げ出さなければならず、追われなければならず、自由を奪われなければならなくなったのだと見ることはゆるされません。むしろ、これらのことが起こったことの原因は、戦争を始めてしまったことにあるのです。更に、この戦争を引き起こすに至った、あの暴力的支配の始まったところに、すでにその原因があるのです。

われわれは、一九四五年五月八日を、〔ナチの政権獲得の日である〕一九三三年一月三〇日から切り離すことはゆるされないのであります。

われわれが、きょうこの日、勝利の祝典に参与し得る根拠はないということは、真実であります。だが、一九四五年五月八日はドイツの歴史の過ちの道が終わった時であると認めるには、十分な根拠があります。この過ちがここで終わったということにこそ、よりよき将来を望み見る希望の芽生えが隠されていたのであります。

II

五月八日は、思い起こす日であります。思い起こすとは、ひとつの出来事を正直に、まじりけなしに思い起こし、その出来事が自分の存在の内部の一部になってしまうほどにするということであります。これは、われわれの真実を問いただす大きな要求であります。

きょうわれわれは、悲しみをもって思い起こします。戦争と暴力支配の犠牲となって死んだ人たちのことを。

何よりもわれわれは思い起こします。ドイツの強制収容所にあって殺された六〇〇万のユダヤ人を。

われわれは思い起こします。戦争のゆえに苦しんだすべての民族を。何よりも、そのいのちを失った、数えきれないほどのソ連、そしてポーランドの市民たちのことを。

われわれは、ドイツ人なるが故に、悲しみをもって思い起こします。兵士となって死んだ同胞、故郷にあって空襲のために死んだ同胞、捕えられて、あるいは故郷を追われて死んで行った同胞のことを。

われわれは思い起こします。殺されたジプシーたち、同性愛者たち、無理やり殺された精神病者たち、宗教的あるいは、政治的信念のために死ななければならなかった人たちのことを。

われわれは思い起こします。射殺された捕虜たちを。

われわれは思い起こします。われわれに占領されていたすべての国々で抵抗して犠牲となった人たちのことを。

われわれは、ドイツ人なるが故に、ドイツにおいて抵抗運動を起こして犠牲となった人たちを尊敬の思いをもって思い起こします。市民として、軍人として、また信仰の故に抵抗した人たち、労働者として、労働運動、労働組合において抵抗した人たち、コミュニストとして抵抗した人たちのことであります。

われわれは思い起こします。積極的に抵抗することはなかったとしても、良心を曲げるよりも死を選んだ人たちのことを。

これらの見渡すこともできないほどの死者の大軍と並んで、大きな山なみのような人間の苦しみがあります。

殺された者のための苦しみが、

傷を負い、傷害を負ったための苦しみが、

非人間的にも、無理やり不妊とされたための苦しみが、

空襲の夜の苦しみが、

逃げ、追われ、暴力を受け、略奪され、労働を強いられ、不当な扱い、拷問、飢え、危機によって与えられた苦しみが、

逮捕と死を恐れる不安の故の苦しみが、

自分が間違って信じこみ、そのために働いてきたすべてのものを失った苦しみが。

きょう、われわれは、このような人間の苦しみを思い起こし、悲しみをもって、これをこころに留めるのであります。

人間に課せられた苦しみの、おそらくその大部分をになったのは、諸民族の中の女性たちであります。

女性の苦しみ、その諦念、その静かな力を、世界の歴史は、あまりにも軽率に忘れてしまいます。女性たちが、不安におののき、働き、人間らしい生活をにない、守ってくれたのです。女性たちこそが戦死した父たち、息子たち、夫、兄弟、友人たちのために悲しんでくれたのです。

女性こそが、どんなに暗い年月においても、人間性の光が消えてしまわないように、これを守ってくれたのであります。

戦争が終わった時、女性たちが、まず最初に、まだ確かな将来への展望もないままに、石を一つ

ずつ積むことを始めました。ベルリンでも、他の至るところでも、瓦礫と取り組む女性たちが見られたのであります。

生き残った男性たちが帰って来た時、女性たちはしばしばもう一度、背後に退かなければなりませんでした。多くの女性たちは、戦争のおかげでひとりぼっちになり、孤独なままに生きていかなければなりませんでした。

だがしかし、このような破壊、荒廃、残虐、非人間的な事実にもかかわらず、多くの民族がなお内的に崩壊することがなく、戦争が終わると、ゆっくりと自己を取り戻すことができたとすれば、それは、まず何よりも、女性たちのおかげであったと感謝しなければならないのであります。

III

ナチの暴力的支配が始まった時から既に、ヒットラーには、われわれの仲間の人間であったはずのユダヤ人に対する底なし沼のように深い憎悪のこころがありました。ヒットラーがこの憎しみについて、公衆の前では沈黙を守ったことなどは全くなく、むしろ全国民を、この憎悪実現の道具としたのであります。その死の直前の日、一九四五年四月三〇日に、なお彼は、その遺言状と呼ばれるものを、次のような言葉で結んだのであります。

「何よりもわたしが今、国民の指導者たち、またそれに従う人びとに義務として課したいと願うのは、人種の純潔を守るための諸法律を厳格に遵守すること、そして、世界のすべての国民にとって毒でしかないもの、つまり国際ユダヤ主義に対する仮借なき反抗である」。

確かに、その歴史において、戦争や暴力に巻き込まれる罪からいつも自由であったような国家はほとんど存在しないでありましょう。しかしながら、このようなユダヤ人に対する民族絶滅の行為は、歴史上例を見ないものであります。

この犯罪遂行はごく少数の者の手によって行われました。それは、公衆の面前からは隠されていたのであります。しかし、いかなるドイツ人といえども、同じ市民であったユダヤ人が何を苦しまなければならなかったかを、共に経験して知っていたはずであります。ユダヤの人びとは、まず冷酷な無関心にさらされ、更にひそかな非寛容な態度をもって冷遇され、遂には明らさまな憎悪の対象とされたのです。

ユダヤ会堂が焼き討ちされ、ユダヤ商店が略奪され、ユダヤ人が、ユダヤの星の刻印を帯びさせられ、法的権利を奪われ、人間としての尊厳を絶えず冒瀆されていった時、それを知ることがなかったと誰が言えるでしょうか。

耳と目を開いていた者、世の出来事に聞き耳をたてていた者に、ユダヤ人移送列車の轟音が聞こえなかったはずはありません。このユダヤ人絶滅のやり方と規模のひどさは、人間の想像を絶するものであったでしょう。しかし、本当のところ、多くの人びとが、そこで起こっていたことを知らないですまそうとしたこと自体が、この犯罪に加担したことであったのであります。それは、私の世代、まだ若くて、このような事件を企て、実行するのにあずかることがなかった世代においても、同じことであります。

さまざまな形を取りましたが、良心を麻痺させ、責任を取らず、視線をそらせ、沈黙を守ろうとしてきてしまったのです。そして、戦争が終わって、まったく言語を絶するようなホロコースト〔ユダヤ人に対する大量虐殺〕の真実の姿が明らかになった時、われわれのうちのあまりにも多くの者が、自分は何も知らなかった、何も感じ取ることもなかったと言い訳をしたのであります。

国民全体が罪責を負うのか、それとも責任がないのか、というようなことはあり得ません。罪責があるにせよ、無罪であるにせよ、いずれも、それは集合的なものではありません。個人的なものだけであります。

暴露された罪もあり、依然として隠されたままの人間の罪責もあります。人間が告白した罪もあれば、否認した罪責もあるのです。この時代を十分な自覚をもって体験してきた方は、誰もが、きょう静かに顧みて、自分自身がいったいどんなことにまきこまれていたかを問うてくださるとよいと思います。

今日われわれの国に住む圧倒的に大多数の者は、あの当時、まだ子供であったか、あるいはまだ生まれてもいなかったのであります。そのような者は、自分が犯してもいない犯罪についての自分の罪責を認めることはできません。

豊かな感覚を持つ人びとにとっては、これらの人びとに、ただドイツ人であるという理由で、悔い改めのしるしの粗衣を身に着けることを期待することは不可能です。しかし、父たちは、この人びとに、まことに困難な遺産を残してしまったのであります。

罪責があろうがなかろうが、年を取っていようが若かろうが、われわれはすべてこの過去を引き受けなければなりません。この過去のもたらした結末が、われわれすべての者を打ち、われわれは、この過去にかかずらわないわけにはいかなくなっているのであります。

老人も若者も互いに助け合って、この過去の記憶を生き生きと保つことが、自分たちの生命に関わるほど大切なのは、なぜであるのか、よく理解しうるようにしなければならないし、それは、可能なのであります。

この過去を精算することが大切なのではありません。それは、われわれには全く不可能であります。過去を、あとから変更したり、なかったことにすることはできないのです。しかし、過去に対して目を閉じる者は、現在を見る目をも持たないのであります。かつての非人間的な事柄を思い起こしたくないとする者は、新しく起こる非人間的なるものの伝染力に負けてしまうものなのであります。

ユダヤの人びとは忘れることはないし、何度でも思い起こすことでありましょう。われわれは、人間として、和解を試みないわけにはいかないのであります。

まさにそれ故に、われわれは理解しなければなりません。思い起こすことなくして和解は起こりえないということを。何百万の人の死の経験は、この世に生きるあらゆるユダヤ人の内的存在の一部になっております。それは、ただ単に、人間というものは、そうした残酷なことを忘れないものなのだということによるだけではありません。そうではなくて、想起はユダヤの人びとの信仰に不可欠なものなのであります。

忘却を望む心は出エジプトの悲惨を長引かせるのみ
そして、そこから救われる秘訣は
思い起こすべきことを思い起こすこと

しばしば引用されるこのユダヤの知恵の言葉は、神に対する信仰とは、神が歴史の中で働かれることを信じることだということを語るものでありましょう。

想起とは、歴史における神の働きを経験することなのであります。想起は、救済を信じる信仰の源泉であります。この経験が希望を造るのです。救済への信仰を造るのです。分断されている者たちがふたたび結び合わせられることへの信仰、和解への信仰を造るのです。この経験を忘れる者は、信仰を失うのであります。

もしわれわれが、かつて起こったことを思い起こすことなく、かえってみずからこれを忘れようとするならば、それは、ただ単に非人間的なことにとどまりません。そうではなくて、生き残っているユダヤの人びとの信仰を傷つけることにさえなるのです。そのようにして、和解の手懸かりを壊してしまうことになるでありましょう。

われわれにとって大切なことは、われわれ自身の内部に、つまり、われわれが考えたり、感情を抱いたりする、まさにそのところに、みずからを戒めるための記念碑を建てるということであります。

五月八日は、ドイツの歴史ばかりではなく、ヨーロッパの歴史に深く刻まれた歴史的なしるしであります。

Ⅳ

ヨーロッパにおけるヨーロッパ内部だけの戦争はこれで終わりました。古いヨーロッパ世界は断絶するに至りました。「ヨーロッパはこの戦いとともに終わった」(エアランゲン大学教授)ミヒャエル＝シュテュルマーの言葉)のであります。エルベ河畔におけるアメリカとソ連の兵士たちの出会いは、ヨーロッパの時代がひとまず終わったのだということを示す象徴的な出来事でありました。

もとより、これらすべてのことには、歴史的な淵源があります。ヨーロッパ人は世界の中で大きな影響力を持っておりました。それどころか決定的な影響力を持っていたのであります。しかし、自分たちの大陸にあって一緒に生きていく秩序を整えることは、ますますうまくゆかなくなりました。百年を越える長い間、過剰に高まる国民感情のぶつかり合いに苦しんで来たのであります。第一次大戦が終わった時、平和条約を結ぶことができました。しかし、平和を確立する力が欠けておりました。新たに国家主義的な情熱が燃え上がりました。そして、社会的な窮乏の状況と結びついてしまいました。

災いへの道へと駆り立てる力となったのは、ヒットラーであります。ヒットラーは大衆の狂気を生み出し、利用しました。当時弱力であった民主主義に、これを阻止する力はありませんでした。そして、西ヨーロッパの諸権力は、チャーチルの判断によれば、「無邪気なものであり、だからと言って責任がないとは言えず」、その弱さの故に、取り返しのつかない道を辿る助けとなってしまったのであります。アメリカは、第一次世界大戦ののちに、ふたたび引っ込んでしまいました。そして、一九三〇年代には、ヨーロッパへの影響力を失ったままでありました。

ヒットラーは、ヨーロッパを支配しようとしました。しかも戦争を通じてそれをしようとしました。その手懸かりを、ポーランドに求め、それを見つけました。

一九三九年五月二三日、つまり、戦争が始まる僅か数か月前に、ヒットラーは、ドイツの将官たちを前にして、こう説明したのです。「これ以上の成果を得ようとすれば、流血なしには不可能である。……ダンツィヒなどはものの数ではない。われわれの生活圏を東へと広げ、食糧を確保することこそ大切なことなのである。……つまり、ポーランドを大切にするかどうかなどということは問題にはならない。残るのは、最初のほんのちょっとしたきっかけを摑まえてポーランドを攻撃する決心をするかどうかなのである。……そこでは、それが正しいことか、間違ったことか、条約違反がどうかなどは、まったく問題にならない」。

一九三九年八月二三日、ドイツとソ連の間に不可侵条約が結ばれました。秘密の付属議定書には、目前に迫ったポーランド分割についても定めていたのであります。

この条約が結ばれたのは、ヒットラーのポーランド侵入を可能にするためでありました。このことを当時のソ連の指導者たちは十分承知していたのであります。あの時、政治的にものを考えることができる人間は、みな明らかに知っていたのです。独ソ不可侵条約がヒットラーのポーランド侵入を意味し、従って第二次世界大戦を意味するということを。

そうだからと言って、第二次世界大戦を引き起こしたドイツの責任が軽くなるわけではありません。ソ連は、自分も分け前にあずかろうとして、そのためには、他国民が戦争に巻き込まれるのもやむを得ないとしたのであります。しかし、戦争を始める主導権を取ったのは、ドイツであって、ソ連ではなかったのであります。

先に暴力を振るったのは、ヒットラーでありました。第二次大戦の勃発はドイツの名と結びついたままなのであります。

この戦争の間、ナチの支配は多くの国民を苦しめ、辱めてしまいました。

しかし、挙げ句の果てに、苦しめられ、屈従を強いられ、辱められるためになお残ったのは、ただひとつの民族であります。何度でもつまり、自分自身の民、ドイツ民族だったのであります。何度でもヒットラーは明言しておりました。ドイツ民族がこの戦争に勝利することができなかったとすれば、民族は滅びるよりほかはないであろう、と。まず他の諸民族が、ドイツが始めた戦争の犠牲となり、それから遂にわれわれ自身が自分の始めた戦争の犠牲となるに至ったのであります。

戦争に続いて、戦勝国間の約束によりドイツ国土が諸地域に分割されました。その間に、ソ連は、戦争中ドイツの占領地であった東ヨーロッパ、また東南ヨーロッパの諸国に進駐しておりました。ギリシアだけが例外となりましたが、他のこれらすべての国が社会主義国となりました。

ふたつの異なった政治体制へのヨーロッパ分割が、そのまま進められました。この分割を固定化してしまったのは、戦後の展開によることは確かであります。しかし、ヒットラーが始めた戦争がなかったら、この分割過程は生じなかったでありましょう。この運命に遭った諸国民は、ドイツの指導者たちによって始められてしまった戦争のことを思い起こすたびに、まずこのことを思い合わせるでありましょう。

われわれ自身の国土の分割、そして、ドイツ国家領土のかなりの大部分を喪失したことにかんがみても、われわれは、このことを思い起こしてしまうのであります。この五月八日を記念する説教において、マイスナー枢機卿は、東ベルリンにおいて、こう言われたのであります。「罪のもたらすどうしようもない結末、それは、いつも分裂であります」。

V

破壊がまったく気儘に行われた結果、その重荷もまた、まったく気儘な仕方で人びとに分け与えられました。無実なのに迫害された人びともありました。そして、うまく逃げおおせた罪責ある人びともいたのです。自分の家で、住み慣れた環境で、新しい生活建設にあたり得たしあわせな人びともありました。しかし、自分の出身地である故郷を追われた人びともあるのです。

のちにドイツ連邦共和国となった土地に生きたわれわれは、自由に生き得る貴重なチャンスを得たのであります。しかし、同じ国の仲間であった何百万という人びとには、この自由のチャンスは与えられないままで、今日まで過ぎてしまいました。

このような異なった運命が気儘に与えられるのを耐えることを学ぶということ、それが、物質的再建の課題と並んで与えられた、最初の精神的課題でありました。この課題を果たすかどうかということによって、他者の重荷をよく知り、休むことなくそれを共に担い続け、忘れることがないという、人間らしい力が試されなければならなかったのであります。この課題において、平和への能力、喜んで和解に備えるこころが、内に外に成長しなければならなかったのであります。それは、ただ他人がわれわれに要求しただけではなく、われわれ自身が何よりも欲したことでありました。

かつてのわれわれの敵であった人びとにとって、われわれとの融和に備えるということは、どれほどの自制を必要としたことでしょうか。このことをよくわきまえることなしに、われわれが、五月八日を記念するということはあり得ないでありましょう。しかし、いったい、われわれは、ワルシャワのゲットーの犠牲者の家族、〔チェコの〕リジチェにおける虐殺の犠牲者の家族たちが、どのような状況にあるか、本当にその身になって考えることができるでしょうか。

ロッテルダムや、ロンドンの市民にとって、ついこの間まで自分の町に爆弾の雨を降らせた国の再建を支えるなどということが、当然のこととして、どんなに困難なことであったでしょうか！そのためにも徐々に強められなければならなかったのは、ドイツ人が、敗北を暴力で修正しようなどとは、もはや二度と試みることはないであろうという確信でありました。

われわれ自身の側では、もっともつらいことを求められたのは、〔東ヨーロッパの地にあった〕故郷を追われた人びとでありました。この人びとは五月八日が過ぎたのち、なお久しく厳しい苦悩と重い不当な扱いを経験したのです。この人びとのつらい運命をよく理解してあげるためには、既にその地に住み着いていたわれわれには、しばしば思いやりに欠けるところがあり、また開かれた心もなかったのであります。

しかし、やがて、これらの人びとを喜んで助けようという動きの兆しが現れてまいりました。何百万という東から〔戦火を逃れて〕避難してきた人びと、また〔戦後の領土分割により郷土を〕追われてきた人びとは、受け入れられたのであります。年月の流れるに従い、この人びとも新しい根をおろすことができるようになりました。その子どもたち、孫たちは、自分の祖先が住んだかつての故郷の文化や、その故郷に対する愛に、依然としてなお繫がれているところがあります。それもたいへんよいことであります。それこそ、この人びとの人生にとって値高き宝だからであります。

しかし、そのような人びとが、自ら進んで新しい地に、新しい故郷を見出し、その土地に以前から住んでいた同年配の者たちと共に仲よく成長し、その土地の言葉を話し、その土地の習慣になじんでいきました。その若々しい生活ぶりは、内的な平和を獲得する人間の能力のすばらしさを証明するものであります。祖父母、あるいは、両親は、故郷を追われた人びとでありました。しかし、若い人びとは、今その土地に住み着いて生きているのであります。

これらの故郷を追われた人びとは、かなり早く、しかも模範的な仕方で、自分の土地を取り戻すために武力を再び用いるようなことはしないという決意を明らかにしました。それはまだ無力であった初めの頃の、一時しのぎの声明ではありませんでした。今なお意味を持ち続ける態度表明であります。武力の断念、それは、いずこにおいても信頼のこころを育て、再び国力を取り戻したドイツも、ここに固く留まりつづけるのだという意味を持つのであります。

その間にかつての自分の故郷であったところが、他人の故郷になってしまいました。東側に残った古くからの墓地も、今日では既に、ドイツ人の墓地であるよりも、ポーランド人の墓地となったのであります。

何百万ものドイツ人が西へと強制的に移住させられたあとに、何百万ものポーランド人、更には、ロシア人が移されてまいりました。それは、すべて、自分の意見など問われたことのない人びとであります。不当な扱いに耐えて苦しんだ人びとであります。抵抗するすべもなく、政治的な出来事に振り回された人びとであり、しかもどのようにしてもその不正は償われようもなくなっている人びとです。さまざまな要求をどのように突き付けてみても、この人びとに加えられてきた悲運の埋め合わせにはなり得ないのであります。

武力の断念、それが今日意味するところは、五月八日以後の運命が人びとをそこに追いやり、既に何十年も生きてきたそのところで、人びとが将来安んじて生きていけるように、永続的で、政治的に何ら脅かされることのない、確かさを保証するということであります。それは、対立しあうさまざまな諸要求を満たすことよりも、相互に理解しあうことを、より大切にするということであります。

ここにこそ、ヨーロッパの平和的秩序を保つために、われわれの方からなしうる本来の貢献、まことに人間的な貢献があるのであります。

一九四五年以降のヨーロッパにおいて、新しく起こったこと、それは、自由と民族自決の思想に、勝利と敗北とをもたらしました。長い間、ヨーロッパの歴史において、いずれの国家にとっても、自分の国が他国にまさっていてこそ、平和であると考えることもできるし、確保することもできるとされてまいりました。そこでは、平和とは、要するに次の戦争の準備期間を意味するものでしかなかったのであります。しかし、今は、われわれが、そのような時代に終止符を打つことこそふさわしいのであります。

ヨーロッパの諸国民は、自分の故郷を愛しています。ドイツ人にも、そのことは変わりないことであります。自分の故郷を忘れることができるような人の誰が、ひとつの国民の平和への愛を信頼することができるでしょうか。

それどころか、平和への愛が示されるのは、まさに自分の故郷を忘れることができず、まさにそれ故に、常に平和に共に生きていけるように、すべてのことをすると決意することによるのであります。故郷を追われた者の故郷への愛、それは、決して〔東側の人びとが西ドイツを非難して言うような〕報復主義ではないのであります。

VI

先の戦争が、人びとの心の内に呼びさました平和への願いは、かつてその例を見ないほどに強いものであります。キリストの教会の和解のための働きは深い共感を呼び起こしました。若い人びとによる相互理解の努力の実例は、枚挙に暇がないほどであります。私は、アウシュヴィッツやイスラエルで活動してきた〈キリスト者の奉仕活動である〉〈償いのしるし運動〉のことを思い起こします。ライン下流のクレーヴェの町のある教会の人びとは、最近ポーランドの諸教会から、仲直りと連帯のしるしとして贈られたパンを受け取っています。この教会は、そのパンのひとつを、更に英国のある教師に送りました。なぜかと申しますと、この教師は自分で名のり出て手紙を書き、あの戦争の時、自分は爆撃機に乗り、クレーヴェの教会と住宅を破壊したのだと言い、仲直りのしるしに何かを頂きたいと言ってきていたからであります。

相手が来てくれるまで待つのではなくて、この人がしたように、自分の方から相手の方へ行くということこそ、平和を造るために計り知れないほどの助けとなるのであります。

Ⅶ

あの戦争がその結果としてもたらしたもの、それは、かつての敵であった者たちが、人間として、そしてまた政治的にも、お互いに近づくことができるようになったということであります。既に一九四六年、アメリカの国務長官バーンズが、シュトゥットガルトにおけるその記念すべき講演におきまして、ヨーロッパにおける相互理解が深まるようにと訴え、自分の道を歩くドイツ国民にも、自由で平和を愛する将来が与えられるように助けてほしいと語りかけました。

数えきれないほどのアメリカ人が、その当時、私財を用いて、われわれドイツ人、敗北の国の者たちを助けて、戦争の傷を癒そうとしてくれました。

ジャン＝モネやロベール＝シューマンのようなフランス人〔ドイツ・フランスの融和に努力した政治家たち〕、〔その人びとと協力した〕コンラート＝アデナウアーのようなドイツ人、これらの人びとの先見の明のおかげで、フランスとドイツの間にあった昔ながらの敵対関係は、遂に完全に終わりを告げました。

建設の意志とエネルギーが、われわれの国を貫いて流れました。昔からあったたくさんの対立の溝が埋められ、諸キリスト教会の対立や、社会的な諸緊張が、鋭さを失いました。人びとは仲間となって働き始めました。

すべてを一斉に新しく始める〈午前零時〉という時刻があったわけではありません。しかし、われわれは、新しく始めるチャンスを得たのです。それを可能な限り用いることができました。自由を失っていた過去に代わって、われわれは、民主主義的な自由を定着させることができました。

戦争が終わって四年目、一九四九年の、きょうと同じ五月八日、暫定立憲国会は、われわれの国の基本法を決議いたしました。政党の違いを越えて、この暫定国会に集まった民主主義者たちは、そのわれわれの憲法第一条におきまして、あの戦争と暴力支配に対する答えを出したのであります。

「それ故にドイツ国民は、世界のあらゆる人間共同体・平和・正義の基礎としての、侵してもならず、失われてもならない人間の権利を承認する」。

この五月八日が、このような意味を持つ記念の日であったことを思い起こすこともまた、本日なすべきことでありましょう。

ドイツ連邦共和国は、広く世界の注目を集める国となりました。世界の中でも特に高度に発展した産業国のひとつとなりました。ドイツ連邦共和国は、その経済力の故に、世界にある飢餓と困窮と闘い、諸国民の間に社会的な諸条件の均衡がもたらされるようにする共同の責任があることをわきまえております。

われわれは、四〇年来平和と自由の生活をしてまいりました。自分たちの政治を通じて、北大西洋同盟、ヨーロッパ共同体の自由諸国民の間にあって、自分たちなりのかなりの貢献をすることができたのであります。

このドイツの国土におきまして、市民の自由の権利が今日の時代ほどによく守られたことはなかったでありましょう。いかなる他の社会と比較されることをもためらう必要がないほどの緊密な社会福祉の網の目が、人間として生きる基本的な条件を保障しています。

戦争が終わった頃は、多くのドイツ人が何とかして自分のパスポートを隠したがったり、他人のものと交換したがったりしたものでありますが、今日では、われわれがこの国の市民であるということは、誰からも尊敬される権利となったのであります。

われわれが傲慢になったり、自分を正当化する根拠が何もないということは本当であります。しかし、われわれがこうしたわれわれ自身の歴史的な思い出を、現在における自分の態度を定める基

ゴルバチョフと（1987）

準とし、われわれの答えを待っている、まだ解決していない課題に向かう手引きとして用いることができるならば、この四〇年間の発展の歩みに感謝することがゆるされるでありましょう。〔たとえば、次のようにであります。〕

第三帝国において精神病の人びとが殺されたことを思い出すならば、こころを病んでいる仲間の市民に身を向けることが、われわれ自身の課題であることを理解するでありましょう。

民族的に、宗教的に、政治的に迫害された人びとが、確実に迫ってくる死に脅え、しかも、逃げようとしても他の国々の閉ざされた国境の前で立ち尽くしたことを思い起こすならば、今日実際に迫害され、われわれの保護を求めて来る人びとに対して、扉を閉ざすことはないでありましょう。

独裁の続く間に、自由な精神に加えられた迫害を思い起こすならば、それがどんなに厳しくわれわれ自身に向けられたものであろうと、いかなる思想、いかなる批判の自由をも守ろうとするでありましょう。

中東の諸情勢に判断をくだそうとする方には、思い起こしていただきたいと思います。ドイツ人が一緒に生きていたユダヤ人仲間にもたらした運命のことを。しかも、今日もなお、その地方に生きている人びとに重荷を負わせ、危険にさらすというような条件のもとでの、イスラエル国家建設がもたらした運命をも、思い起こさないわけにはいきません。

われわれの東側の隣人たちが、戦争の間、どんなに苦しまなければならなかったかを思い起こすならば、これらの国々との不均衡を正し、緊張を緩和し、平和な隣人関係を作り出すことが、ドイツ外交政策の中心的な課題であることを、もっとよく理解するでありましょう。お互いがお互いを心に留め、尊重しあうことが正しいことであります。人間としても、文化的にも、また最後に歴史的にも、それをするのに十分な理由があるのであります。

ソ連の共産党書記長ミハイール＝ゴルバチョフは、戦争終結四〇年の記念日に当たり、ソ連指導部にとって大切なことは、反ドイツ感情を掻き立てるようなことではないと、はっきり言明されました。ソ連は、諸国民の間の友好関係をこそ支持するというのであります。

東と西との相互理解を深めることと、ヨーロッパ全域における人権尊重のために、ソ連がいかなる貢献をしてくれるかということこそ、われわれが問うていることだというのであれば、まさにここで、そのような信号がモスクワから送られてきているのを聞き逃すべきではないでありましょう。われわれは、ソ連の諸民族との友好関係をこそ保ちたいと願っているのであります。

Ⅷ

戦後四〇年、ドイツ民族は今なお以前と変わらず分断されたままであります。

本年二月、ドレースデンの十字架教会における大空襲記念礼拝におきまして、ヘンペル監督はこう言われました。「ふたつのドイツ国家が、どうしようもない重い境界線を引かれて誕生したということが、われわれの重荷となり、われわれの血を流すほどの痛みとなっているのであります。およそいたるところに境界があるということこそ、われわれの重荷、われわれの血を流すほどの痛みであります。〔その境界線を守るための〕われわれの武装が、われわれの重荷となっているのであります」。

最近、アメリカ合衆国のボルティモアで、「ドイツにおけるユダヤ人」という展覧会が開かれました。両ドイツの大使が招待されて出席しました。主催者のジョンズ＝ホプキンズ大学学長は、両大使双方に対して挨拶の言葉を述べました。そこで、言及されたことは、すべてのドイツ人が、同じ歴史的発展を基盤にして立っているのだということでありました。共通の過去が、すべてのドイツ人をひとつの絆で結んでいるのではないかというのであります。そのような絆は喜びでもあり、あるいは問いでもあろう、しかし、いずれにしても、希望の源泉なのだと語られたのであります。

われわれドイツ人は、ひとつの民族、ひとつの国民であります。同じ歴史を生き抜いて来たが故に、共にひとつであると感じているのです。

われわれは、一九四五年五月八日をも、われわれをひとつにする、民族共通の運命として体験したのであります。平和への意志において、われわれはひとつであると感じております。この両方の国が持つドイツ的基盤に根ざしてこそ、すべての国との平和、よき隣人の関係が生まれるべきなのであります。他国もまた、このドイツ的基盤をして、平和の脅威としてはならないのであります。ドイツに住む人間は、すべての国民のための正義と人権をも含む平和を、われわれ自身のためにも、共通の願いとして求めております。

壁で造られたようなヨーロッパ、それでは、国境を越えて和解しあうことなどはできません。それができるのは、自分の境界線が分離の境界線であることをやめてしまっているような大陸のみであります。そのことを忘れないようにと警告したのが、第二次大戦の結末でありました。

五月八日が、すべてのドイツ人の運命を定めてしまう、われわれの歴史の最後の日付とはなるはずがないという確信を、われわれは持っているのであります。

IX

ここ何か月かの間、多くの若者たちが自分たちの間で問題にし、われわれに問い掛けてきたことがあります。それは、戦争が終わって四〇年たったということが、なぜこれほどに過去をめぐる激しい論争の種になったかということであります。二五年たった時や、三〇年たった時よりも、もっと激しいのはなぜなのかと言うのであります。この激しさの内的な必然性はどこにあるのでありましょうか。

この問いに答えるのは、やさしいことではありません。しかし、その理由を、何よりも外側からの影響によるとすべきではありません。そのような影響があったことは疑いのない事実ではありますが。

人間の一生におきましても、諸国民の運命の歴史における時間区分におきましても、四〇年というのは、大きな役割を果たしてまいりました。

ここでも、旧約聖書に目を留めることをお許し頂きたいと思います。旧約聖書は、信仰の如何を問わず、いずれの人間にとっても大切な深い洞察を、大切に秘めているものであります。そこでは、四〇年というのが、いくたびか繰り返して登場し、本質的に重要な役割を果たしているのであります。

〔エジプトを脱出した〕イスラエルの民は、約束の地への進入をもって始まる歴史の新しい一章が刻まれるまで、四〇年間、荒野に留まらなければなりませんでした。

当時〔イスラエルの民が荒れ野で犯した罪に〕責任ある地位にありました父たちの世代が完全に交替するまでに、四〇年の歳月が必要だったのであります。

しかし、他の箇所（士師記）においては、自分が助けられたり、救われたりした経験の記憶が、精々四〇年しか続かないことがいかに多いかということが記されております。この思い出が断ち切れた時、安息の時は終わるのであります。

このように、四〇年というのは常にひとつの時の刻みを意味したのであります。新しい、よき将来への確信が与えられ、暗い時代が終わるという場合もあり、あるいは、忘却の危険が迫り、その結果何が起こるかわからないと警告することになるかの、いずれかでありました。いずれにせよ、四〇年という歳月は、人間の意識の中で、ある働きを現すものなのであります。その働きのこのふたつの面について思いをめぐらしておく値打ちがあると思います。

われわれの傍らで、新しい世代が育ち、政治的な責任を取るほどにまでなってまいりました。若者は、戦争終了時に起こったことについては責任がありません。しかし、その結果歴史の中に生じてきたことには、やはり責任があります。

われわれ年配の者は、若い人びとに対してその夢を叶えてやる責任はありません。しかし、若者に対して正直であり続ける責任があります。若い人びとを助けるということを心得ていなければなりません。思い出をはっきり持ち続けるということは、生命に関わる重要なことだからであります。われわれは、若い人びとを助けて、酔うこともなく、一面的になることもなく、しかもそこで、ユートピア的な救済説に逃避することもなく、また道徳的な優越感を伴うこともなく、歴史的真実に心を開くことができるようにしてあげなければならないのであります。

われわれは、自分たちの歴史から、人間には何ができるのかを学びました。従って、人間としてもっと別のもの、もっとよいものであり得たなどと幻想にふけることはゆるされません。

決定的に獲得された道徳的な完全さなどは、存在しないのであります。誰にとっても、どの国にとっても、そのようなものはあり得ないのであります。われわれは人間であるが故に学んだのであります。自分たちが人間である限り、常に危険にさらされ続けていることを。しかし、さまざまに迫る危険を新たに克服していく力をも持つのであります。

ヒットラーのした働き、それは、偏見と敵意と憎悪を掻き立てるということでありました。
そこで、若い諸君へのわれわれの願いはこうであります。
どうぞ、敵意と憎悪の中へと駆り立てられないようにして頂きたい。
他の人間に対する敵意と憎悪へ、
ロシア人あるいはアメリカ人に対する敵意と憎悪へ、
ユダヤ人あるいはトルコ人に対する敵意と憎悪へ、
ラディカルな要求をする人びと、あるいは、保守的な人びとに対する敵意と憎悪へ、
黒人あるいは白人に対する敵意と憎悪へ、
駆り立てられないで頂きたい。
対立して生きるのではなく、共に生きていくことを学んで頂きたい。
民主的に選ばれた政治家であるわれわれこそ、このことを常に繰り返して心に留め、その模範となろうではありませんか。
自由を尊ぼうではありませんか。
平和のために働きましょう。
法を守りましょう。
われわれのこころの内にある正義の規範に仕える者となりましょう。
きょう、この五月八日に、なしうる限り、真理をしっかりと見つめようではありませんか。

第三節　想起と和解

背後の祈り

この〈テキスト〉は、まずそのまま読んでくださることが大切である。従って、ここであまり講釈めいたことを書き記すことは、かえって有害であるかもしれない。しかし、個々の言葉遣いについての注釈はともかく、この演説の背後にあるものについて、私の視点から、どうしても一言しておきたいことがある。この背後にあるもの、それは、語る者の祈りと言ってもよいものである。演説自体は、最後の節が明示するように、全体が国民へのアッピールである。しかし、それは、〈牧師のごとき〉語りかけであったと言われる。たとえば、ナチの時代に大演説を繰り返して大群衆を熱狂させたゲッベルスのそれのような扇動的なものではなかった。むしろ静けさを感じさせる。この静けさは、いったいどこから来るのか。私の見るところ、それは語る者の祈りの姿勢から来るのではないかと思う。

リヒャルト＝フォン＝ヴァイツゼッカーが大統領に就任したときの演説、「ドイツ人の課題」と題して発表されたその演説のなかで、ドイツ基本法が、「神と人間に対する国民としての責任を意識しながら……」という言葉があることに言及している。ドイツの憲法が、いつも神について語ってきたわけではない。また基本法が、一定の信仰、この場合には、もちろんキリスト教であるが、それを国民すべてに強制するわけではない。ヴァイツゼッカーは、この点で、むしろ宗教、無宗教さまざまな立場に対して中立でいなければならないことを強調する。しかも、その上で、基本法が、神に対する責任を思い起こさせているのは、無駄なことではないと言うのである。そこで、あのバーゼル大学教授であった、文化史家ヤーコプ＝ブルクハルトの言葉を借りながら、こう語っている。宗教が教えるのは、「聖なるもの」ということである。「聖なるものとは、神を畏れることであります。この神への畏れがこの世のなかへと入り込んでまいりますと、人間に対する畏敬、人間の存在がただ一度のものであることへの畏敬、人間の尊厳への畏敬、人間の不死の魂への畏敬となるのであります」。神を畏れる者こそ、人間を尊ぶことができる。神を知るがゆえに、「人間がすべての事物の尺度ではない」ということをわきまえないと、ことがおかしくなる。「すべてを説明する」ことができるように思い込み、それをしたがるようになると、それに対する反動で狂信的な態度、宗教的熱狂も生まれる。そう考える。ここに、この大統領の態度が決定される基本的なものがある。神を知っているがゆえに、陶酔することもなく、絶望することもなく歩む。この就任演説の最後に引用されるのは、あの作曲家フェリックス＝メンデルスゾーンの祖父、ベルリンの哲学者モーゼス＝メンデルスゾーンの言葉である。「人間がここ地上にあって歩まねばならぬ暗い小道に、次の一歩を踏み出すために必要な限りの光はある」。この光を信じ、この光に導かれたいという願いを述べて、演説は終わっているのである。この光に生きるこころこそ、また祈りのこころであると、私は思ったのである。

荒れ野の四〇年

〈五月八日の演説〉が、日本では「荒れ野の四〇年」と題されて刊行されたことを、私は評価するということは既に述べた。そのひとつの理由は、この演説を構想する間、祈りとともに、この大統領の思索を決定した、とても大切な要素を明確に指摘しているからである。言うまでもなく、この「荒れ野の四〇年」というのは、まず何よりも、聖書の出エジプト記が伝える、エジプトを脱出したイスラエルの民、ユダヤ人が、モーセに導かれて旅をし続けた四〇年のことである。明らかに、敗戦後四〇年のドイツ人の歴史を、この出エジプトの民の歴史と重ね併せて考察している。それは、まさしく解放から始まるものであった。しかも、解放された者たちが、またその約束の地への旅において繰り返し罪を犯した。指導者モーセをも含んだ、エジプト脱出を体験した世代の者は、皆、神への信頼を捨て、神を疑い、呟く罪を犯した。そこで、これらの人びとは、カナンの約束の地に足を踏み入れることはできなかった。モーセもまた、約束の地を望みつつ息絶えた。そのためにもまた四〇年の年月を必要とした。新しい世代への交代が済んで、ようやくモーセの後継者ヨシュアの指導のもと、約束の地に入るのである。ヴァイツゼッカーは、このことも十分に意識して語っている。それは明らかである。

ただもうひとつ私が思うのに、ヴァイツゼッカーは、こうした物語を語るのは、〈旧約聖書〉であると単純には考えていない。つまり、単なるキリスト教会が用いる聖書の教えとして理解しているだけではない。これはまた、ユダヤの人びとの信仰の導きの書、その歴史を作ってきた書物なのである。これは、キリスト者にとって真理の書であるだけではなくて、ユダヤの民のための真理啓示の書物でもあった。そのことを十分に意識した聖書の読み方をしているように思われる。それは、ユダヤ人と共にあることを深くわきまえながら歴史の中に立っている者らしい聖書の読み方なのである。

想起と和解

私もまた、この演説を含む四つの講演をまとめて訳出したことがある。その書物の表題を、『想起と和解』とした。それは、この演説における、ものの捕え方、その歴史観を決定するものが、このふたつの言葉で言い表され得るように思ったからである。歴史をどう見るかということは、自分の過去をどのように見るかということである。そのことに関わり、しかも、この演説のなかでもっともよく引用される言葉は、「過去に対して目を閉じる者は、現在を見る目をも持たないのであります」という文章であろう。過去に対して目を閉じないということは、過去の罪をいつも思い起こすことである。過去の「非人間的な」自分の行為を思い起こすことである。

ついでに言えば、この「思い起こす」、「想起する」という言葉は、聖書において、非常に重要な意味を持っている。旧約聖書においても、新約聖書においても、重要である。神も人間のことを忘れず、いつも思い起こす存在であるし、また人間は、神が自分たちのことを想起する絶対者であることに慰めを見出すのである。そしてまた人間も思い起こすことによって過去が過去のところに留まらず、現在を決定する重要な要素として働く。想起によって、過去が現在化する。ただ過ぎ去った時代を懐かしむことでもないし、無残な過去が取り返しのつかないままに現在を決定してしまっている不運を嘆くだけでもない。過去の過ちを二度と繰り返さないと決意することだけでもない。

過去が生み出した現在の現実を変える力ともなる。ここで、ヴァイツゼッカーが何よりも明確に意識して言葉に言い表しているのは、ユダヤ人に対してドイツ人が行った非人間的な行為であるが、それを想起し続けるところにおいてのみ、そのために生まれたユダヤ人との間の亀裂を越える〈和解〉が可能になるのである。

ここでも、この〈想起〉は、ユダヤ人の信仰にとって不可欠なものであることを指摘する。想起は、ただ過去の悲劇や、それと結びついた怨恨や悔恨の思いに固執することではない。エジプトを脱出した民は、自分たちを解放した神のわざを想起することによって生きたのである。だから、ヴァイツゼッカーは、こう語っていた。「想起とは、歴史における神の働きを経験することなのであります。想起は、救済を信じる信仰の源泉であります。この経験が希望を造るのです。救済への信仰を造るのです。分断されている者たちがふたたび結び合わされることへの信仰、和解への信仰を造るのです。この経験を忘れる者は、信仰を失うのであります」。そこで、「思い起こすことなくして和解は起こり得ない」という名言を語るのである。おそらく、この言葉をも併せて記憶しなければ、過去に目を閉じる者は、現在を見ることもできないという言葉の意味も半減してしまうのではないであろうか。

ここから更に、この演説そのものをめぐっていくらでも語り得るであろうが、ここでひとまず筆を休める。そして、稿を改めて、こうした演説をするひとりの大統領の思想をよりよく理解するための共同の作業を始めたいと思う。

第二章　言葉の力に生きる大統領

第一節　〈壁〉と対峙して

壁崩壊の預言者

今改めて読んだ〈演説〉の中で、ヴァイツゼッカーは、当然であろうが、東西ドイツの分裂についてかなり長く語っている。しかも、そこで、五月八日という日付が、ドイツ人にとって決定的な意味を持つ歴史の最終の日付になるはずはないと予言している。壁で固定化されたようなヨーロッパの現状が永続するはずはないと確信していたのである。言い換えれば、東西ドイツを隔てていた壁が、いつか必ず崩れるという確信を語ったのである。壁崩壊の今日の状況を見抜いていたとも言える。一般には、ベルリンの壁の崩壊を予見した者はいないと言われる。それは確かにそうかもしれない。それほどに強固なものだと多くの者は感じ取っていたのである。しかし、ヴァイツゼッカーは、壁の永遠の存続を信じていなかった。必ず崩れることを知っていたのである。なぜそのような洞察をすることができたのであろうか。私は、ここに既に、この人の思想の特質を見る思いがする。

壁の固さ

一九九〇年八月上旬、私は三年ぶりにベルリンを訪ねた。もちろん、まだドイツは統一されていなかった時である。多忙な日程で欧米を旅したのであるが、何をさしおいてもまずベルリンを訪ねたいと思った。壁の無くなった現実をこの目で見たかったし、このからだで体験したかったのである。一九六五年に初めてベルリンで何か月かを過ごすことから始まり、私は、ドイツ滞在あるいは旅行を何度かくり返した。ライン地方のヴッパータール、あるいはハイデルベルクなどの西ドイツの町に住んだ。しかし、最も長く住み、親しんだのは、何と言ってもベルリンである。三度にわたって、かなり長く、西ベルリンに滞在したことがある。できることなら東ベルリンにも住みたかったが、日本の牧師が東ベルリンに住むことなどは不可能であった。しかし、滞在の最初から東ベルリンと東独に深い関心を持っていた。その傾倒ぶりは、西ベルリンのドイツ人の友人たちにいぶかられるほどであった。私は現代世界に生きるキリスト者であり、牧師である。新しく造られ、社会主義国家建設の実験に入った東ドイツにあって、キリスト教会がどのような歩みを辿りつつあるかということについて、関心を持たざるを得なかったのは、当然とも言えるであろう。ドイツ、特に東ドイツとなった地域は、現在ポーランド領となっているところも含めて、マルティン＝ルターの宗教改革以来のドイツ・プロテスタント教会の地盤である。それが社会主義圏となったのである。そこで教会がどのような歩みをし、キリスト者がどのように生き、社会主義が教会をどのように遇するかに深い関心を持たざるを得なかったのである。最初は、日本とドイツ民主共和国との間に国交もなかったために、いささか非合法の道を取りながらも、東ドイツのプロテスタント教会に招かれて旅することを始め、結局東ドイツ旅行は数度に及び、ほぼ同国の全土をめぐったことになる。

私が最初に滞在したのは一九六五年であったから、「ベルリンの壁」が不意に築かれてから四年ほどを経過していたことになる。西ベルリンの西南、ヴァンゼーという湖に近く、しかも境界線からも程遠くないところに住んでいたので、時折、不気味な銃声が響いた。美しい紅葉の森を散歩していると、突然壁にぶつかって東独側の監視所から双眼鏡で監視されていたことに気づくこともあった。決して気持ちの良いものではない。しかし、ベルリンに住むと、そのような異常な体験が、すぐに日常のことになってしまう。研究に打ち込んでいる時にも、いつも心がそれに捕われていたわけではないが、しかし、心の深いところでは、それが常に意識されていたと言える。その頃は、どこかのビルの壁に、一九四七年から四八年にかけての、ベルリン全面封鎖の時のモットー「ベルリンはそれでもベルリン」という文字が、くろぐろと書かれたままであったりした。そのように、ぐいと肩を張って踏みとどまるような姿勢を日常の姿勢としていた街であったようにも思う。〈壁〉はまことに不自然な存在であった。その不自然な障壁に囲まれて生きることを日常生活とするということは、異常を日常化することであって、そこで住んでみないと分からないほどの奇妙な生活感覚を強いられるものであった。ヴァイツゼッカーは、この異常さは、許されるべきものではないと深く感じ取っていたのである。

そして、私は、何度も東ベルリンに行った。東西の教会の分断に当局が心を注いでいたときでもあって、両側の教会が、私たち外国人の自由に往来できる特権に依存して情報の交換を委ねることもあったのである。しかし、自由とは言っても、時に突然、徹底的な所持品検査と尋問とを強いられる検問所通過は、いつも快いものではなかった。旅券を取り上げられたまま、許可を得るまで黙って座って待っている時間の長さは、時に耐えられないものであった。そのような体験を日常生活のなかに組み込むことを強いられる生活をしたのである。〈壁〉とは、そのようなものである。強固な異物がいつもそこにある異常さが、日常生活の感覚のなかに組み込まれたまま生きて、この現実は不変であると思いこまされていくのである。

壁の崩壊

その〈壁〉がなくなったのである。衛星放送のおかげで、一九八九年秋以来の東ベルリンに起こった出来事を、ある程度は同時に体験することができた。それは、これまで知らなかった興奮を伴うものであった。しかし、もちろんそれはまた、もどかしいものであった。できるだけ早く現場に行ってみたいと心から願っていたのである。そこで、何年ぶりかのベルリン訪問となったのである。東ベルリンに、今度は何の手続きも必要とせずに滞在することができた。西ベルリンのテーゲル空港に着くや、そのままタクシーで東に入った。かつての境界線を通り過ぎたのは、あとから運転手に注意されて気がついたほどにあっけないことになってしまっていた。そての住まいを宿とさせてもらった友人夫婦とブランデンブルク門の辺りを自由に歩き回った。かつてのベルリンの繁華街であって、のちに壁が真ん中を通ったために無人の死の地帯となっていたポツダム広場の辺りをも通ってみた。今は何もない草地であった。そのようなところを歩くと、かえって異常な思いが深まった。あの〈壁〉がなくなってしまったのである。まだ夢を見ているのかとさ

ブランデンブルク門開く（1989.12.22）

え思われた。異常な事態に慣れきった者にとって、それが取り去られ、回復された本来の姿が、むしろまず異常に見えてしまったのである。まだ残っている〈壁〉を砕いて破片を得ようとする槌の音が絶えずしている。友人は新しいベルリンのバックグラウンドミュージックだと笑った。〈壁の破片〉をそのままに、あるいは工夫を凝らし、飾り立てて、売っている露店がいくつもある。私を脅かした検問所の係官たちの制服・制帽までが売り出されている。その所持者たちが売り払ったのであろう。その中には、権力を全身で象徴するかのような顔をして私を検問した人も入っているのであろうか。私の前にたちはだかっていた、〈あの人たち〉がいなくなったのである。

しかし、私は壁の破片も制服も、買って帰る気持ちにはなれなかった。そのようなことをするには、あまりにも現実は重いように思われた。ひとつの国がなくなったのである。しかも、それは明らかな敗北を意味する。これまでのドイツ民主共和国の政策を受け入れず、しかも国内に留まりながら、四〇年の間ひそかな忍耐強い戦いをしてきた人びとにとっても、それは単純な喜びを意味してはいないのである。私を迎えてくれた友人たちも、蠟燭の火を手に掲げて非暴力を主張し、素手で軍と警察の武器の前に立ち、民主化のために戦った人たちであったが、今は、複雑な心境に捕えられている。むしろ深い悲しみと結びついた喜びを味わっているのである。不安と結びついた希望を養っているのである。その希望がなければ耐えられないような厳しい現実が新しく始まっているのである。

統一における光

私の親しい友人に、ベルリン・ブランデンブルク教会と総称される、かなり広い地域の全教会の監督、ゴットフリート＝フォルクがいる。今回の短い滞在の間にも訪ねて懇談することができた。この地域のプロテスタント教会の指導者であると共に、長い間、コミュニスト政権を恐れず戦い続けた人として尊敬を集めている。統一後の今も平和運動の代表的存在として知られている。最も信頼されている教会指導者のひとりである。この人をヴァイツゼッカーに続く大統領候補にしたいという運動があったほどである。フォルクは、自分の任務は教会の牧師の務めに徹すること、と言って固辞したのである。この監督が、夜のひとときを共に過ごすために招いてくれた時、統一後のドイツ国家と教会の将来について憂いを込めて語りながら、しかし、敬愛の思いを面に現しながら語ったのは、リヒャルト＝フォン＝ヴァイツゼッカーのことであった。統一に際して東西間にどれほどの齟齬が生じようが、ヴァイツゼッカーがいる限り溝は乗り越えられるとさえ語ったのである。この大統領に対する東側の人たちの信頼は厚いものがあると改めて思わしめられた。

　そして今、遂にドイツのひとつの国が消えた。新しいドイツ、統一ドイツが生まれたのである。その初代大統領として、リヒャルト＝フォン＝ヴァイツゼッカーが与えられたのである。このことが、このかつての東ドイツの友人たちにとっても、自分たちの希望を支えるひとつの支柱であり続けている。ヴァイツゼッカーは、そこだけにはいつも光がともっているような存在でさえあるのである。今その人の思想を私たちは問うている。それは、それ自体がまさしく光であるような思想なのである。

　そして、その思想は、このベルリンの壁の存在と深く関わるものであった。今でもそうである。そのことを改めて思う。ヴァイツゼッカーはベルリン生れではないが、ベルリン育ちとは言える。外交官であった父と共にここに住み、学校に通った時代がある。兵役に就いていた時は、ベルリン近郊のポツダムに兵舎を持った連隊に所属していた。ベルリンには特別な愛着があるようである。大統領になるまえは、西ベルリンの市長であった。長くその地位を独占したSPD（ドイツ社会民主党）に代わってCDU（キリスト教民主同盟）選出の市長として、たいへん張り切って政治を行ったのである。それはむしろベルリン〈知事〉と呼ぶほうが正しいかと思われるほどの重要な地位であった。そして、ひとつの見方からすれば、実権のある政治家としての実務を執ったのは、結局は、この時だけになったのであるが、好評であった。大統領に選ばれてベルリンからボンに移るとき、ベルリン市民に恨まれるほどに惜しまれたのである。

壁崩壊の預言者

ヴァイツゼッカーがベルリンの市長になったのが一九八一年である。その年の八月一三日、つまりベルリンの壁が築かれてちょうど二〇年の記念の日の集会で行った講演がある。それには、「壁は存続し得ず」という預言者的な題がつけられている。

要するに〈壁〉は反人間的な建築物であります。人間性を拒否する政治が石となったのであります。それにもかかわらず、そしてまた、まさにそれだからこそ、〈壁〉が存在するかぎり、それが日常的に証明して見せてくれるのは、〈壁〉が無理やりに忘れさせようとする連帯が、今なお生き続けているという現実であります。……

〈壁〉の建設、それは政治的戦略のひとつの布石であります。しかし、このまことに官僚的な戦略に欠けていたもの、それは、〈壁〉が、絶えず深く人間の心に何を呼び起こし続けるものであったかを見抜く想像力でありました。……

こう言ったのちに、ヴァイツゼッカーは、「武装したドイツ」の暴力によって家族が引き裂かれ、共に生きる人間的な生活ができなくなった現実に対して、人間であれば誰もが抱いた驚き、絶望、「力を持たないままの怒り」を語る。両ベルリン市民の心に刻み付けられた痛みを、深い同情をもって語る。それはまたそれ自身に怒りがこもった言葉でもある。そして、人間性を無視した政策は抽象的なものでしかないと言い切るのである。このような言葉を読むと、私も思い起こすことがある。東西ベルリンの通行のひとつの要であったのが、フリードリヒ・シュトラーセ駅の検問所であった。Sバーンと呼ばれる電車と地下鉄のさまざまな路線が集中するターミナルでもある。その検問所で、おそらく両親と自分とが壁のために住むところを隔てられてしまったらしい幼児が、祖父母に手を引かれて西ベルリンに帰っていく姿を見た。ベルリンに住むようになった頃のことであるから、ずいぶん昔のことになったが、今もなおその姿がまぶたに焼き付いている。子供は、見送る両親を振り返りながら、泣き叫んでもがいていた。大きなホールにその子の叫びだけが響いていた。ほかのすべての者が黙って見守るだけであった。それは見る者すべての胸を引き裂くような叫びであったが、実に多くの者が、この非人間的な不自然な隔ての現実に怒りと悲しみを抱いていたのである。ヴァイツゼッカーは、そのような思いを代表して語る。しかも、そこで諦めなかったのである。誰よりも堅く、非人間的なものに対する批判を持ち続けた。それが、この人の政治を支えたひとつの原動力であったことは、間違いがないのである。政治は、しばしば、あえてこの人間的なものを無視する論理を持つ。自分の非人間的な、反人間的な行動を正当化する。しかも、それをヒューマニズムの名においてする。そのような、えせヒューマニズムとの戦いが、その使命とされたのである。思えば、〈あの演説〉に一貫して流れるのも、この〈人間的なるもの〉についての深い確信である。そして、〈非人間的なもの〉に対しての怒りと悲しみなのである。

人間としての望み

人間的なものについての感覚を麻痺させた者は、〈壁〉を見ながら、人間を見ることができない。堅固な〈壁〉を構築して、それによって自分の立場が安泰になったと錯覚して生きた者は、そこで、非人間的なものの脆さを忘れていたのである。現在の崩壊した〈壁〉を観光名所としてしまい、これを見物し、あるいは、その観光客相手に〈壁〉を売って商売する者の姿にも、そのような抽象的な思想の姿勢が見られる。人間を捨象してしまっているのである。商売する者も、やむを得ず、そのようにして生計を立てるのであろう。しかし、商売の利益だけしか見えず、それによって自分の行動が正当化できると思い込むところにも非人間化が生じる。いや、そこにどれだけ思想の名に値するものがあるか。思索・思想は、具体的に人間を見据えるところから始まるのである。観光客、それもまた人間の姿であるには違いない。しかし、人間であるということと、真実に「人間として」感じ、怒り、悲しみ、喜び、望みを抱いて生きるということとは、直ちにひとつではないのである。

〈壁〉に包囲されながら、それを忘れて生きることはできる。諦めて生きることもできる。実際に、これまでの三〇年に近い年月、壁の東側でも西側でも、どれだけ諦めが語られたことであろうか。諦めとの戦いが、ほとんど絶望的な姿を呈したことであろうか。先にその名を挙げたフォルク監督の折あるごとに信徒たちに語り掛けた言葉も、何よりも、〈諦め〉のこころに負けないようにしようということであった。〈壁〉、それは、死の権力をもって武装した〈壁〉、まさに〈死の壁〉であったのである。その〈壁〉をじっと見つめながら、しかも酔うこともなく思索し続け、語り続けることは容易なことではない。この壁の作っている現実そのものが、不変不動のものではないのだと言い切ることは、簡単なことではなかったのである。こんな壁はないほうがいいと、こころのなかで呟くことはできる。あるいは、東でも西でも、現実には壁に取り囲まれながら、あたかも

〈壁〉が存在しないかのごとくふるまうことはできる。そのような人が実際には多かったのである。それも諦めである。そのようなところでなお諦めないで「人間として」生き続けることは容易なことではない。〈壁〉は非人間的なものであるから、必ず崩れると言い続けることは、容易なことではないのである。ヴァイツゼッカーは、それができた人である。だからこそ、ベルリン市民の多くが、ヴァイツゼッカーが大統領となることを祝福するよりも、それによって自分たちが失うものの大きさに悲しみを抱いたとも言われるのも当然なのである。

思索する政治家

ヴァイツゼッカーには思想がある。われわれがここで可能なかぎり追求し、学ぶに足る思想がある。しかし、体系的な哲学を語る学者としての思想ではない。あるドイツのジャーナリストがヴァイツゼッカー紹介の書物を書いて、その表題を『リヒャルト＝フォン＝ヴァイツゼッカー――大統領としての思索家』としている（Wolfgang Wiedemeyer, *Richard von Weizsäcker — Ein Denker als Präsident*, 1989, Bonn Aktuell）が、まさにそうである。思索する大統領、思索する政治家である。この人のことを、「哲学者のヴァイツゼッカー」と紹介している日本の政治学者がいるくらいである（宮田光雄『平和のハトとリヴァイアサン』、一九八八年、岩波書店、二九九ページ）。このような表現は珍しい。日本の政党に属する政治家で、このように呼び得る人があるであろうか。政治に生きる哲学者と言ってもよい。思想と言葉に生きる政治家と呼んでもよいのである。

そしてその思想を理解する鍵は、まずこの「人間であること」を徹底して重んじようとする姿勢を理解することにある。人間が非人間化されることに対するこの人の悲しみと怒りとを理解することにある。このことに深く共感することに始まる理解が求められるのである。

ベルリンの〈壁〉の現実との関わりを深く保ち続けるということは、ドイツ人としての思索に徹するということである。ヴァイツゼッカーにとって「ドイツおよびドイツ人」の問題は、それだけで考察するに足る重要な主題である。ヴァイツゼッカーは、この主題をめぐって何度も発言している。〈五月八日の演説〉に続いて、同じ年の六月八日、全ドイツから集まったプロテスタント教会の信徒の大集会、ドイツ福音主義信徒大会においてヴァイツゼッカーが行った講演は、人によっては、同じように重要な演説と呼ぶが、その演題は、「ドイツ人とは—そのアイデンティティについて」というのであった。ドイツの歴史と現在の状況に根差し、それを常に視野に入れながら考察し、思索し、発言する。その面では、むしろいたずらに国境を無視したり、超越して、無国籍の思想を語ることよりも、ドイツ人としてドイツ人のために思索し、語ることに徹しているのではないかという感想さえ生まれる。ひとりの日本人として、ヴァイツゼッカーの言葉を読めば読むほど、その思いが深い。政治家であれば当然のことであろう。だが、しかし、そのドイツ人としての思索を支えるのは、ドイツ人であることよりも深く人間であろうとする姿勢である。いや、人間であろうとすることによってこそ、正しくドイツ人であろうとしているのである。そこで理解される人間性は、いかなる民族・国民も共有するものである。それ故に、われわれ日本人もまた深く心を動かされるような普遍性が滲み出てくるような思想を語り得るのである。

それも、私の見るところ、「人間性」という抽象味を帯びた言葉ではなく、「人間そのもの」とでも言うべきものである。具体的に生きている人間を見、問い続けているのである。だから、ヴァイツゼッカーに一度でも会った者は、自分が丁重に遇されている、自分も人間として重んじられているという体験をするのである。自分は、ほかのいかなる理由によるのでもなく、人間であるがゆえに大切に扱われていると信じることができたのである。

しかし、それはまた、思索し、語る者の存在そのものと結びついた人間尊重の思想である。その意味でも、ヴァイツゼッカー自身の思想を理解し、語るためには、その言葉とともに、その存在にも触れてみなければならない。実際にヴァイツゼッカーに会った者は、いや遠くからその姿を見るだけの者であっても、ある種の感銘を受ける。まして向かい合って握手を交わして一言でも言葉を交わしたことのある者は、自分の言葉を裏切らない存在がそこにあると深く感じることができる。ただ単に、寛容で温厚な、育ちのいい貴族出身の政治家がいるというのとは、いささか違った味わいである。

明晰な言葉

このような存在とひとつになったようなところから語り出されるヴァイツゼッカーの言葉は、決して難解ではない。難解であったら、国民に語りかけることはできないであろう。国民の各層の人びとが理解できる明晰な言葉で語る。イメージを伴う言葉を語る。なぜ、どのようにして、こうした言葉が生まれたのであろう。一方では、こうした言葉を語ることを専らにする大統領という職務が重要な役割を果たしている。それは明らかである。そして、それにふさわしい力を持った人間が形成されたのである。われわれが生きている現代日本とは異なる政治的・文化的環境があることを否定できない。ここには思索し、しかもそれをできるだけ多くの同胞が理解できるようにと努力して語る政治家がいる。言葉を持ち、そこに集中して生きる政治家がいる。それが、思索する政治家、哲学する政治家ということの意味である。

こうしたことについての十分な理解がわれわれにどれだけ可能であろうか。日本には、こうした政治家の存在を重んじる気風、土壌がないのである。正直なところ、少々自信がない。しかし、最善の努力をして、なおヴァイツゼッカー自身の言葉に耳を傾けてみよう。ここでは、われわれの側でも、いささかの「想像力」を保ち続けたいものである。ヴァイツゼッカーが言うように、確かに、真実に力ある思想を語るために不可欠なのは想像力である。政党政治から離れて中立性を保ちながら、それだけ広く国民に受け入れられる思想を語りながら、しかもその将来を指し示す思想を語り得るためには、この想像力こそが力を発揮するのである。そして、まさしくその生きた存在と、それに結びつく思想に少しでも近づくために、われわれ自身の想像力が求められるのである。

第二節　大統領とは

「大統領としての思索家」、大統領という政治的職務と、思索家、思想家という文化的職務が結びついている。ここに既にドイツ連邦共和国の大統領職の特色がある。ヴァイマール共和国においても大統領職を置いたが、それは必ずしも成功したとは考えられていない。あまりにも権力が集中したためであるとされているのである。そのために民主主義が健全に機能しなかったという反省があったのである。その体験に基づいて定められた新しいドイツにおける大統領の職務は、きわめて限定されたものとなった。それは、政治的であるとともに、むしろより文化的であると言ってもよいほどなのである。リヒャルト＝フォン＝ヴァイツゼッカーは、まさしくその職務にふさわしい人であった。これほどその職務と人とが一致することは珍しいくらいではないか。ここに現在ドイツのさいわいがあると言えるのではないであろうか。

大統領職の選ばれ方

ドイツ連邦共和国の大統領は、連邦会議で選出される。この連邦会議は、大統領選出のためにのみ五年に一度招集される。議員は、連邦議会議員全員と州議会が比例代表制の原則に従って選出した人びとによって構成される。当然、その時の政治勢力分布を反映する構成となる。そして、もちろん、その時の政党の力関係を反映して大統領が選ばれるのである。しかし、一度選ばれれば、その所属政党を離脱し、しかもその後の政治変動の影響を受けることなく任期を全うするのである。
大統領は任期五年、再選は一回限りである。これまでの大統領の名と在任期間は、初代がテオドール＝ホイス（一九四九〜五九年）、以下、ハインリヒ＝リュプケ（一九五九〜六九年）、グスタフ＝ハイネマン（一九六九〜七四年）、ヴァルター＝シェール（一九七四〜七九年）、カール＝カルステンス（一九七九〜八四年）、リヒャルト＝フォン＝ヴァイツゼッカー（一九八四〜九四）である。これで明らかなように、ハイネマン以降がすべて再選されていない。そのために一九八九年の選挙においても、ヴァイツゼッカーが再選されることはないのではないかと考えた向きもあったようである。しかし、圧倒的多数で再選された。ついでに言えば、ホイスとシェールの出身政党がＦＤＰ（自由民主党）、ハイネマンだけがＳＰＤ、リュプケ、カルステンス、ヴァイツゼッカーがＣＤＵということになる。

圧倒的支持　ヴァイツゼッカーは、すでに一九七四年の大統領選挙において一度候補になっている。しかし、当時はＳＰＤとＦＤＰの連立政権の頃であり、初めから勝つ見込みはなかったのでシェールが選ばれている。七九年の選挙の頃は、ちょうどベルリンを長く牛耳っていたＳＰＤと戦い、ベルリン市政を手に入れるためにＣＤＵからベルリンに送り込まれていて候補とはならなかった。そして実際に一九八一年には、ＳＰＤを破り、ヴァイツゼッカーはベルリン市長となったのである。しかし、八四年に再び大統領候補となり、一〇一七票のうち八三二票を得て大統領として選ばれた。この得票数は、ホイスとリュプケが、いずれもその再選の際にようやく獲得していた数字とほぼ同じである。つまり〈緑の党〉だけが対立候補を立てており、野党SPDもまた最初からヴァイツゼッカーに投じたのである。ついでに言えば、一九八九年五月の再選の際は、投票総数一〇二二票のうち八八一票を得ている。圧倒的多数である。最初の当選の時より、なお得票を増したのである。ただし、それだけにかえってなおヴァイツゼッカーに対する反対票が一〇八票ほど（他は、態度保留票と無効票）あったことに関心が持たれた。誰が反対したかというのである。この時は、SPDのみならず、〈緑の党〉もヴァイツゼッカーを支持した。そうとすると、むしろCDUの中の保守派が、リベラルに過ぎるヴァイツゼッカーを嫌ったのではないかというのがもっぱらの観測なのである。しかし、ドイツのテレビ局ZDFが行った、この第二回目の選挙に先立つ世論調査によると、国民の九〇パーセントがヴァイツゼッカー再選に賛成していたそうである。これほどの、ほとんど全国民からの支持を得て大統領職を一〇年にわたって務め得るのは、さいわいなことである。

もっとも、ヴァイツゼッカーのみならず、これまでの大統領が、いずれも就任時よりもその後の在任期間に国民の支持を広く得るようになったと言われる。選挙に際しては、その時の政党分野を反映して選ばれたとしても、その後は、政党の次元を越えて、ドイツ国民の代表として活躍するようになる。対外的に国家元首としてドイツ国家を代表するだけではなくて、国内にあっても政治的対立や緊張を越えて、国民が共通に立ち得る精神的基盤を代表することになるのである。従って、忠実にその職務を果たせば、かつての所属政党の限界を越えて広く支持を得ることになるのである。

しかも、そのことが特に明瞭に現れたのが、ヴァイツゼッカーであった。その最初から与野党がほとんど一致してこの人に投票したのである。言い換えれば、与野党を含めたドイツ政治全体を包括するひとつの理念があり、それを代表するのが大統領であるということになる。それは、単なる形式的な、いわゆる国民統合の象徴として無内容な職務に留まるのではなく、ドイツに属するドイツ人のアイデンティティを具体的に表す存在である。ドイツ国民のひとりひとりが、その意味でこれを愛することができる存在なのである。

私が三度目にハイデルベルクに滞在したのは、一九八六年から八七年にかけてであった。ハイデルベルク大学創立六〇〇年記念の行事が盛んに行われ、私もその関係で招かれたのである。すべての行事の最後となったのは、聖霊教会における大学礼拝であった。そこで説教をした神学部長は、記念事業との関連においても、きわめて率直な体制批判を行ったが、ヴァイツゼッカーの創立記念式典での発言についてだけは積極的に評価し、われわれは、このような大統領を持っていることを誇りとすると明言した。それがまた多くの人の心にある思いなのである。

説得する権威

このような広い国民的支持は、何もしないことから生じるわけではない。大統領は、実際の政治の世界では、大臣の任免、法律の認証・公布の権限を持つが、それは形式的なものでしかない。政党政治の中で政治的な力を発揮し得る余地は、ほとんどないのである。ヴァイツゼッカーの発言を聞くと、すぐに気づくことであるが、諸政党の現実の政策に関する批判のごときも口にしない。現実の政治的問題を指摘する点では、なかなか鋭く、大胆であることさえあるが、しかし、政策決定に直接関するところでは、きわめて抑制された言葉遣いで語っている。これはなかなか困難な、繊細な心配りを必要とするところである。

ドイツの大統領がなし得ること、それは実際には「語ること」だけである。しかも、一政党の立場に立つことのない発言をすることである。大統領には、マハト（Macht）はないが、アウトリテート（Autorität）がある、という言い方がある。これは、そのまま日本語に移すことはできない。ただ、その意味するところは、大統領が政治的にまったく無力というのではなくて、独特の〈権威〉を持つということなのである。それはむしろ、これこそ〈権威〉の名に値するほどのもの、とも言えるのである。その権威、それは、言葉と深く結びつく。政治の世界における言葉の力を信じてこそ言えることである。〈権威〉と言えば、何らかの意味で規制力を持つことを意味する。大統領の発言が、一定の方向を与え、枠を作る。しかも、それを多くの者が自由に判断して同意し、受け入れることがなければ、民主主義国家における大統領の地位は確保されはしないのである。そうとすれば、説得することによって初めて力を発揮する権威なのである。

大統領は、政治を越えて、広く国民の文化的世界における力ある発言をするのである。事実、ヴァイツゼッカーは、文化諸領域に深く関わる発言をしているし、またその発言は尊重されている。もちろん、この言葉の力は、実際の発言を通じて実証されなければならない。大統領の実力は、常にその言葉の力において計られる。ドイツで行われた各種の国際学会、たとえば歴史学、あるいは言語学などの学会においてヴァイツゼッカーが行った挨拶は、堂々たる内容の講演であり、それぞれに高く評価されている。あるいはさまざまな文化的な催しに招かれて文学を論じ、音楽を論じている。それは、むしろ楽しんで語っている口調が見られるものである。それだけの身についた文化的教養なくしては語り得ない言葉なのである。

広く国民の同意を得ることができるために、大統領の発言は、まず国民がいずれも自分と同質のものと認めるような体験に根差し、同意できる見解を述べるものであることが求められる。いや、それどころか、その言葉を聞いて初めて自分の問題が何であったかを明断に認識し得るようになる。しかも、そこで指導的発言となるためには、一般世論をぬきんでていることが求められる。それは、自己を批判的に見ることにおいても、将来を展望することにおいても求められるのである。耳に痛いこともあえて言う勇気がなければならない。反発も覚悟される。しかも、そこで孤立することなく、説得できなければならない。これは、ひとり書斎にこもって思索して著作する思想家や、何よりもいわゆる学会における批判を念頭に置きながら、学問的発言を繰り返すことを強いられる学者たちの作業とは異なる。それよりも労は多いかもしれない。この国民との間にある独特の力学的関係において語る思想家ヴァイツゼッカーであることを、われわれも忘れてはならないであろう。民主主義社会である限り、大統領の発言といえども厳しい批判にさらされる。ヴァイツゼッカーは、自分が重要な発言をしたあとは、ジャーナリズムがどのように反応するかについては、まことに注意深く資料を集め、検討するようである。しかし、だからと言って、当たり障りのない発言をして批判をかわすことはしない。広く国民の同意を得るということと、批判を恐れて毒にもならない発言をすることとは違うのである。

大統領の言葉はどのように生まれるのか

大統領は、時には毎日のように公の席で発言を求められる。しかも、すべて原稿を用意し、また語られたのちは、その発言はすべて直ちに印刷されて公表される。これらの発言、しかもそれぞれに公的な意味を持つ言葉を、すべて自分で用意することは至難のわざである。そこで、こうした地位にある者として当然のことであるが、補助する者がそばにいる。自分が原稿を用意するのは、重要な場合の発言に限る。そのために数人のチームが組織され、毎日のように会議を開き、情報を交換し、大統領発言に対する反応、批判を収集し、分析するとともに、大統領演説の草稿を作る作業をする。こうした人びとが書いた原稿を読むだけのことも多いようである。もちろん大統領の意を汲んで書くし、その筆が入れられはする。また自分が書き下ろそうとする原稿も、これらの人びとの助けを得て完成される。こうした作業をするために、特に請われてヴァイツゼッカーの身近なところで、一九八四年から八九年まで働いたフリードベルト＝プリューガーが書いた『リヒャルト＝フォン＝ヴァイツゼッカー』という書物は、そうした大統領の言葉がどのように生まれるかを、興味深く語っている（Friedbert Pflüger, *Richard Weizsäcker, Ein Portrait aus der Nähe*, 1990, DVA）。

大統領自身が執筆する重要な原稿がどのように作られるかについて、プリューガーが報告してい

大統領を助ける人々との朝の会議

る文章を読むと、その準備の慎重なのに驚く。自分の言葉の重さを知っているからであるに違いない。またそのようにして慎重に、集中力を注いで整えられた言葉であるからこそ、それにふさわしい重さを持つものとして尊重されるのであろう。〈あの演説〉の場合は、すでに半年前の一九八四年一二月には、そのための資料を収集し始め、ユダヤ人グループ、ジプシー、東の故郷から追われた人たちの代表者など、演説のなかでわずかな言葉によってでも言及される人びととの対話をも積み重ね、原稿を何度も書き改めている。これを助ける人びととの共同作業も熱心に続けられた。そこで引用される言葉、事例を集め、検討し、取捨選択する。そのようにして生まれるのである。ひとりの人が語るために作られる、こうした共同作業は、私の知るかぎり、ドイツの他の文化領域にも見られる。もともと私が初めてドイツに滞在した最初の仕事は、ひとりの代表的神学者が主著となるべき書物を書くのを手伝ったのである。それは、やはり、率直な批判と討論を重ねる、誠実な共同作業であった。そのような作業が可能なのは、公に言葉を書き、あるいは語ることについての明確な考えがあるからではないかという思いがする。自分が語る言葉を重んじる明確な姿勢がある。それと共に、他人への批判を率直に語り、また自分への批判を心を開いて聞く伝統とも言うべきものがあるのである。

特にドイツの大統領府は、その意味で典型的な、言葉を造り、発見するための共同作業場なのである。しかも、そこでヴァイツゼッカーならではの思想を語る独自の言葉を造るのである。共同作業が無味乾燥な非個性的な言葉を作ることにはならないのである。もちろん、そこで語られる思想は、大統領になって初めて形成されたものではない。むしろ、大統領にふさわしい政治思想の持ち主であるからこそ、選出されたし、またその発言が期待通りであったから、評価されたのである。

第三節　無力にして有力

無力の現実

一九九〇年七月、ドイツの有力週刊誌「ツァイト」に、興味深いヴァイツゼッカー論が掲載された。筆者はグンター＝ホフマン。表題は「からっぽの教会堂での説教」というのである。その副題は、「国家元首の役割の問題」というのであるが、首相のヘルムート＝コールが時流を捕らえて着実にその政策を実施しているのに、大統領ヴァイツゼッカーは、いささか不確かな立場に置かれていることを示唆し、それは、国家指導にあたるふたりがどのような役割を果たすのか、それにひそむ問題が顕在化しているのではないかと問いかけているのである。

「ヴァイツゼッカーが間違いを犯すことに、われわれは慣れてはいない」という文章から始まる、この論説の趣旨はほぼこうである。

ヴァイツゼッカーは、実に巧みに言葉を語る。言葉の用い方を間違えることはない人であるかのように思われてきたのである。しかし、今、いささか釈明しにくい行動を取っているように見える。歯切れが悪くなっているように思われるのである。たとえば、ドイツ統一の暁に、その首都となるべきはベルリンであると明言した。しかし、コール首相は、自信をもって、そのようなことに心を用いるいとまはないと言い切っている。全体にも反応は鈍かった。そのためにヴァイツゼッカーは、その主張を弱め、曖昧なものにしつつある。

もっと重要なのは、ドイツ統一のあるべき姿についての見解をめぐる困惑である。新しいドイツが生まれるために、西ドイツそのものも変わるべきだというのがヴァイツゼッカーの主張である。ヴァイツゼッカーは、変革の始まった最初から、これまでの東ドイツ、ドイツ民主共和国の歩みを真剣に、誠実に尊重したいと考え、主張していた。それは、統一に際して、西ドイツそのものも姿勢を変えるべきだという主張でもあるのである。西ドイツが、自分自身のこれまでの歩みを変えることなく、ただ東の人びとに、われわれと同じようにならなければならないと説教するだけであるならば、それは、東の人びとに劣等感を植え付け、その心に癒しがたい傷を与えることになると憂えたのである。既に一九八九年一二月一五日に、ヴァイツゼッカーは、あるテレビのインタビューで、「ドイツは一緒に成長しなければならない」と強調した。この「一緒に成長する」という表現は、その後の東西統合の過程において、こころある人びとがしばしば引用するようになった。一緒に成長するためには、西ドイツは、東に合わせて自分の身を低くしなければならないはずである。自分自身の姿を変えて、東の人びとと共通のところに立たなければならないことがあるはずである。しかし、実際にはどうであったか。ヴァイツゼッカーの願う通りに進んではいないのではないか。ヴァイツゼッカーの現在の立場は、野党ＳＰＤの（当時の党首）ラ＝フォンテーヌに似ている。事態の進展に影響を与え得ず、ただついていくだけになっている。発言も控えめになったのではないか。

このようなホフマンの考察は正確である。問題がどこにあるかを指摘している。東ドイツにも西ドイツにも、戦後四五年の歴史を通じて形成されたそれぞれのアイデンティティがある。ただ単にドイツ人であるというアイデンティティだけに基づいて統一ドイツが形成されるわけではない。それは複雑な構造を持っている。そのことは、すでにヴァイツゼッカーが、一九八五年六月八日の、デュッセルドルフで開催されたドイツ福音主義信徒大会においてした講演「ドイツ人とは」において指摘していたことである。ちなみに、この演説については、既に言及したが、これは、〈あの五月八日の演説〉のほぼ一か月後になされたものであって、〈あの演説〉と並んで、ヴァイツゼッカーが語った言葉のなかでも重要なものとされている。これもまた今日の状況変化を予測した預言者的な意味合いを持つものとなったからである。東西ドイツ人が共存するための、その精神的基盤をどこに据えるべきかを既に語っていたのである。

特にヴァイツゼッカーが願っているのは、西が東を蹂躙するような統合が起こらないようにということであった。しかし、現実には、その大統領が憂えた通りの統合過程に入っているのではないかとホフマンは言うのである。そのために、大統領はとほうにくれているのではないかというのである。それは、ひとつには、ヴァイツゼッカーとは異なる見解を持つヘルムート＝コールの強引な政治によると考えられる。このふたりは、その政治家としての道程の最初から盟友であったが、またかなりの違いを見せている。コールはカトリックであり、ヴァイツゼッカーはプロテスタントである。ヴァイツゼッカーは、ベルリンに生まれてはいないが、その少年期の大切な時期をこの町で過ごし、深い愛着を持っている。ほとんどプロイセン的だと言われる。しかし、コールは一貫してベルリンにそれほど肩入れをすることはなく、ボンに留まることをよしとしている。結果としては、統一に際してベルリンを首都として定めたし、その具体案も固まりつつあるが、実際にはボンを中心に当分の間は政治が行われる。コールがそれを望んでいるからである。そのコールの現実的な政治哲学が、ヴァイツゼッカーの理想主義的な政治哲学を圧倒しているのではないかと考えられるのである。もちろん、そこには、現実の政治決定にあずかることができない大統領の力の限界があるということでもあろう。

からっぽの教会堂

だがホフマンは、それはかりではなく、旧東ドイツの人びとが、ヴァイツゼッカーの言葉に耳を傾ける忍耐を持ち得なかったところに大きな原因があると見ている。だれもが予想しなかった速度での統一は、ドイツ民主共和国四〇年の圧制のもとで、ドイツ連邦共和国に全く遅れをとった自分たちの現実に絶望した人びとの西への逃亡の奔流をきっかけとして始まった。国を捨てたのである。自分たちのアイデンティティを拒否して、自己放棄の挙に出たのである。むしろ、当時最も厳しい状況に置かれていたキリスト者たちがかえって東に踏み留まろうとしたことが目立ったほどなのである。そして〈壁〉の崩壊後、その流れは、かえって促進されたのである。初めは、それでも多くの人びとが社会主義体制の新しい形での存続を予想していたし、やがて統一の可能性が見えてきたときにも、それもまた精々一〇年後ぐらいではないかと予想した人もあったのである。それを理想とした人さえあったのである。しかし現実にはあっという間の統一が実現した。そのすべての見通しが間違っていたということになってしまったのである。それは、東の人びとの忍耐のなさにこそ原因があったと考えられるところがある。つまり、ある意味においては、ヴァイツゼッカーの言葉には耳を貸さなかったのである。ここに、この評論の「からっぽの教会堂での説教」という表題の意味があると思われる。

しかし、私は、この表題が示唆するものは、もっと複雑であると思う。

ここでは、言うまでもなくヴァイツゼッカーをキリスト教会の説教者になぞらえている。それは、その語り口も、また語る思想そのものもキリスト教的な性格を色濃く持っていることを示唆している。実際にヴァイツゼッカーは、率直に信仰を語る。神への信頼のこころをすなおに語る。ドイツの神学者が、現代において神について語ることに奇妙なためらいを見せながら、それだけ洗練された言葉を選び、複雑な語り口を見せるとき、何のためらいもなく率直に神について語る大統領の言葉は、かえって説得力を持っているようにさえ思われる。牧師も含めて現代ドイツにおける多くの語り手のなかで、信仰について最も説得力をもって語り得ているのはこの人であるかのような印象をすら与えることがあるのである。どこででもためらわずに聖書を引用して語る。キリストが語った愛について語る。信仰に根ざしてこそ初めて可能な自由を語る。実際に教会堂における教会の集会で語ることも多いのである。

そのような宗教的真理を語る説教は、それだけに簡単に人の理解を得るとは限らない側面がある。ユダヤ人を母として生まれて、そのためにナチの時代に辛酸を嘗め、現在ジャーナリストとして活躍するラルフ＝ジョルダーノが『第二の罪責・ドイツ人であることの重荷について』という書物を書いたのは一九八七年であった（Ralph Giordano : *Die zweite Schuld oder Von der Last ein Deutscher zu sein*, 1987, Rach und Röhring, Taschenausgabe, 1990, Knaur Nacht. 永井清彦・片岡哲史・中島俊哉共訳『第二の罪・ドイツ人であることの重荷』、一九九〇年、白水社）。そこでも、ヴァイツゼッカーの〈演説〉について触れて、結局は、「リヒャルト＝フォン＝ヴァイツゼッカーだけがドイツ連邦共和国の保守主義の荒れ野に孤独に叫ぶ者に留まるのか」と問うている。もちろんこの場合には、荒れ野に叫ぶ洗礼者ヨハネを思い起こさせられる。洗礼者ヨハネは、新約聖書の福音書が、イエス・キリストの先駆者とした預言者であるが、荒れ野で禁欲生活を送った孤独な存在であった。説教者は、それに似て、常に孤独なのである。誰も耳を傾けてくれなくても真理を語らなければならないときがあるのである。

孤独な説教者

しかし、大統領の発言は、そのようなものに留まることはできない。マーク＝ピーターセンの『日本人の英語』（岩波書店、一九八八年）に、このような引用がある。アメリカの著名な法律家オリヴァー＝ウェンデル＝ホームズ＝ジュニア（Oliver Wendell Holmes Jr.）の言葉だそうである。「ある意見や思想が正しいかどうかの最良の基準は、それが世の中で受け入れられるようにするそれ自身の力である」。これはまさしく民主主義のひとつの原則である。民主主義においては、言論、つまり言葉が最も強力な武器となる。政治家は言葉をもってその務めを果たす。それが本来の民主主義政治の姿である。その言葉が、真理を語るものであるのは当然である。しかし、その真理性は、多くの人を説得する力を求める。そうでないと、それが真実の意味で正しいとは言えなくなる。ここではそう言っているのである。自分の言葉を受け入れる人が少ないことこそ、その言葉の真理性を証する事実であるなどとうそぶいてはいられないと言うのである。ここに少なくともひとつの真理がある。

そうとすれば、真理を語る説教も、多くの人に受け入れられることがなければ正しい言葉としては不十分なことになる。新約聖書においても、砂漠にあってこの世の人びとの罪を激しく糾弾し、悔い改めを要求する孤独な説教者であった洗礼者ヨハネの言葉を喜んで聞くために群衆が集まったと書いている。その意味では、荒れ野の預言者は孤独ではなかったのである。ホフマンが、教会堂ががらっぽになってしまって、一握りの信徒たちに語りかけるだけになっているドイツプロテスタント教会の現状を背景にして、その評論の表題を考えたことは明らかである。ヴァイツゼッカーの言葉も、結局は、そのような「お説教」に終わるのか、そんなはずはないであろうと言うのである。もともとリヒャルト＝フォン＝ヴァイツゼッカーは、現代ドイツにおいて、最もポピュラーな、最も成功した説教者なのである。ホフマンは、結局は、ヴァイツゼッカーの言葉になお多くの人びとが耳を傾けることを望んでいるのである。そうでないと、真実のドイツ統一は成らないと思っているようなのである。

このようなジャーナリストの言葉を読んでいると、更に考えを促されることがある。現実のドイツ統合の歩みを進めたのは、大統領ではない。大統領にはその権限はないのである。一定の限定のもとで言葉を語るだけでしかない。そこで、自分の思うとおりの現実にならないということは、結局は政治的な無力を意味することになるのではないか。これを一般化して言えば、政治の世界における言葉の力の限界を知ることにさえなりかねない。ドイツのこのような状況と対照的なのは、日本の政治である。国会を中心とする政党政治なるものが日本でも行われているが、そこでは言葉がいかに軽んじられていることであろうか。政治家の言葉は、マスコミを通じて、絶えずわれわれの目に耳に触れているが、われわれのうちのどれだけの者が政治家の言葉の重みを感じているであろうか。下手をすれば、この世で最も信頼できないものは政治家の言葉であり、それでも仕方がないと思っているのではないであろうか。政治を動かす力は、言葉にはないと決めてしまっているのではないであろうか。日本のジャーナリズムもまた、政治的指導者の言葉を言葉として重んじるが故の批判などに興味はないのではないか。全く別のところにいわゆる政治力学があると見ている。それはまたジャーナリズム自身が、自分たちの語り、また書く言葉を十分に重んじていないということと重なり合っているとも言える。

政治における言葉

そこでは、政治家という〈くろうと〉だけがよく知るところであって、〈しろうと〉の出る幕はないという大衆蔑視がひそかに隠されている。政治の真相は、しろうとのあずかり知らないところにあるという言説がまかり通っている。しかし、そこに真実の民主主義は育ちはしない。ドイツの大統領の職務、そしてそこで語るヴァイツゼッカーの言葉は、そのことをわれわれに問い掛ける。そうではないであろうか。大統領の言葉が、確かに〈無力〉である一面を持つと共に、なお何らかの力を持ち得るとすれば、それはいかなるものであり、どのようにしてであるのか。ホフマンの問いもそこに関わると私は思う。

第四節　統一の日に

重い現実の中で

一九九〇年の夏の僅かなベルリン滞在の日々に、私がまず聞かなければならなかったのは、西ベルリンの人たちの、東に住む人びとへの、明らかな差別的発言であった。テーゲル空港から東ベルリンに入るのにタクシーを使った。その運転手は、運転している間、何かと言えば東の人の悪口を言い続けた。壁崩壊後、東側の経済力の貧しさの象徴として有名になった、かつてDDRの国民車と言われたトラバント、トラビというニックネームを持った二気筒の小さな車が通るたびに、あの連中が自由に西に入り込んで来たから、西ベルリンの渋滞がひどくなったし、大気汚染もひどくなったと言う。やがて統一されれば、東の生活水準を上げるために、自分たちが、今まで期待していたような速度で西側が豊かになることができなくなるのではないか。結局、増税になるか、そうでなければ国債を増発するよりほかないのではないか。そのような不安をまで語る。こうした西側の人びとの中に抜きがたくある差別感を克服するのは容易ではないであろう。現在では、そのような差別感を込めた〈オッシー〉という言葉が一般化していると伝えられている。東を意味するドイツ語オストに由来するものである。東の人びともまた西の人びとに対する反発の思いを強くしつつあることは、すぐにわかった。貧しい者と富める者との間の差別感や劣等感に根差す反発心を克服するのは容易ではない。いずれの意味においても富から自由になるということは、決して簡単なことではないのである。

帰国してから後、私は、統一の前夜に書いたという、東ベルリンの友人からの手紙をもらった。それには、「今わたしたちは、悲しみの思いに満ちています」と書き始められていた。その友人は、既に長い間、DDRの良心であろうとし、忍耐を重ねながら夢を捨てず、今回の変革に際しても全力を挙げて民主化のために戦い、平和革命の担い手であろうとしただけに、現在の歩みを、心のどこかで、こんなはずではなかったと思いながら見ているのであろう。しかし、そのような人びとにとっても、ヴァイツゼッカーが統一の日に語った言葉は、やはり慰めになったのではないかと思う。

統一の日に

一九九〇年一〇月三日、ドイツ統一の日、東西ベルリンの境界線に近いフィルハーモニーのホールで行われた統一式典は、ベルリン・フィルハーモニー・オーケストラによるベートーヴェンの第九シンフォニーの演奏と、それに続くヴァイツゼッカーの演説を主たる柱とする、きわめてドイツ的な簡素なものであった。私が入手した演説全文は、翌四日のフランクフルター・アルゲマイネ新聞に掲載されたものであるが、テレビの衛星放送による中継で聞いた部分だけでも、実際に語られたものとは少々異なった文章であるように思う。しかし、その相違は僅かであって、語られた内容に根本的な変更はなかったであろうと思う。〈あの演説〉のように長くはない。しかし、よく準備し、整えられた言葉である。そして、改めて思う。これもまた「からっぽの教会堂での説教」と呼べるであろうかと。聞き過ごすにはあまりにも重い言葉を語っているのではないであろうか。テレビで見た、この演説を語る大統領の姿、語り口もまた、まことにいきいきとし、自由であることに感銘を受けた。よくありがちな式典での形式的な言葉を語る、どこか空しさを感じさせる儀式張ったものがなかった。そしてもちろん、自分の言葉の空しさを感じている人の無気力さなどは微塵もなかったのである。

掲載した新聞がつけたのであろうか。「ひとつになったヨーロッパで、世界の平和に仕えよう」という表題がついていた。しかし、実際には、これも演題を持たない、式典における大統領演説としての体裁を守ったものであったろう。それにどのような題、見出しをつけるかは、読む者の理解を示すことになる。ここで演説全文を紹介する余裕がないだけに、私の見方からして重要だと思ういくつかのことを指摘しておきたいと思う。

ヨーロッパの平和のための統一という視点の際立つこと、それについては、改めて別に章を設けて論じたい。確かに、この〈ヨーロッパ・パースペクティヴ〉とも呼び得るものが、どれほど決定的な意味を持つかは、どんなに強調しても誇張したことにはならないであろう。そのことをわきまえた上で、もう少し別の面のことを取り上げたいと思う。

ヴァイツゼッカーは、今回のドイツ統一が、力ずくのものではなかったこと、ヨーロッパに騒乱を呼び起こしながらのものではなかったことを喜んでいる。平和裡に行われた統一なのである。

ドイツ統一は、ヨーロッパ全体が辿っている歴史的必然の過程の一部をなすものであります。

それは、諸民族の自由と、われわれの大陸の新しい平和的秩序の確立を目ざす必然的過程であります。この目的のためにわれわれドイツ人も奉仕をしたいと思います。われわれの統一は、この目的のために献げられたものです。

ヴァイツゼッカーは、ドイツ統一にソ連の働きが大きな意味を持ったことを認める。統一の日の近い頃に、ある雑誌のインタビューに答えた言葉では、ソ連は、その経済再建にどうしても西ドイツの援助を必要としたから、東ドイツを堅持することを放棄したのではないかという判断をも述べている。この演説のなかでも、やはりソ連の決断について言及しているが、そこでは、民主化と市場経済への移行を不可避と判断したゴルバチョフが、その改革には自由が不可欠ということをも理解したことに、今回の革命へのきっかけがあったと述べている。「だからこそ、国家統一を求めたドイツ人の自由な決断が受け入れられたのであります」と言うのである。

こうして、もはや暫定的とは言えないドイツ国家が生まれた。隣国からそのアイデンティティを承認された国家が再建されたのである。それは、国境の現状を確定することを甘受することでもある。現在の国境こそが、国際紛争の火種となるのではなく、国家相互の間に友好の橋がかかる手懸かりとなるべきものである。そうしてこの国家は、ドイツの長い歴史において、初めて西欧民主主義国家の中に永続的な位置を占めるものとなった。「遂にこの日がきたのであります」と言い切っている。ヴァイマール共和国といえども、「生命力ある民主主義を貫徹することが」できなかった。フランス革命に始まり、米英において民主主義の理念となったものが、いまここで実現する。政治的自由を保ち、個人の能力が十分に発揮され、人間の尊厳が重んじられ、しかも社会的な正義を貫く国家、それを皆が求めている。そのような願いは、「北京の心臓にまで届いている」。今や、その願いがここに実現し、真実の西欧民主主義を基準とする新しい統一ドイツが生まれたのである。このようなことを元首が断言できるのは、いささか羨ましいとさえ思われる。しかも、ここで、アングロサクソン的な民主主義がようやくドイツでも現実化すると語る言葉の背景にある歴史的洞察は、それだけで詳細な検討を必要とするほどに重要なものだと、私は思っている。

もちろん、ここでもヴァイツゼッカーは、〈あの演説〉が感銘深く語った、歴史におけるドイツ人の罪責について言及する。東ドイツを支配した共産主義政党SED（ドイツ社会主義統一党）の問題も、まさにそこにあった。SEDは、国家分裂を固定の秩序としようとした。社会主義の未来社会を実現して、それで過去の問題は精算され、歴史の重荷から解放されると考えた。しかし、実際には、東ドイツが負った敗戦の償いの重荷のほうが遙かに重かった。おそらくここでヴァイツゼッカーが示唆しているのは、ソ連に対する賠償の重荷のことであろう。実際に私が東ドイツを訪ねたときにもその痛手を至るところに感じ取ることができた。たとえば鉄道線路が戦前は確かに複線であったのに、今は単線であったりする。ソ連が賠償の一部として、機関車、貨車、客車、そして線路さえも剝がして持っていってしまったのである。剝がしたあとの路床はそのまま残っているので、まことに痛ましい思いがしたものである。西ドイツはそのようなことをしないで済んでいる。それどころか、いわゆるマーシャル・プランによって助けられて、好条件のもとで再建の道を歩むことができたのである。だがまさにそれ故に東ドイツの「人間たち」は、将来に向かっての自由を得るためには、過去に対する責任を持つことが不可欠であることをわきまえたのである。こうしたことは、DDRの青年たちも心得ていたことであったとヴァイツゼッカーは評価する。ここにも旧東ドイツの人びとの負った重荷についての痛みを伴う同情の言葉がある。思えば、現代社会の仕組みのなかで、特に傷を負い、苦しみを与えられた人びとに対する、このような痛みを覚えつつ知る同情の心が、この大統領の言葉にはいつも滲み出てきているのである。

共和制への革命

特に、東ドイツにあって人間的な感覚を保持して、人間的なるもののために戦った人たちに対するヴァイツゼッカーの同情と理解は、既に長く続いていた。それがまた東ドイツの人びとの大きな支えとなった。そのためにも、西ベルリン市長の位置は、重要な意味を持ったのである。ヴァイツゼッカーが西ベルリン市長であったこと、それが既に当時の東ドイツにあった心ある人びとにとって大きな励ましになっていたのである。ヴァイツゼッカーは、社会主義体制に対するねばり強い抗議と批判を重ねる人びとのいることをよく知っていたし、その人びととの連帯を重んじたのである。そこでこの演説のなかでも次のように語られる。

今日、われわれが何よりも感謝しなければならないのは、DDRの中において抑圧と専横に対抗して立つ勇気をふるった人びとに対してであります。ここ一〇年にわたって諸教会に集まり、平和のための祈りを重ねてきたことが、平和革命の思想を養う準備となりました。国家保安警察の権力は至るところにありました。武器による弾圧の危険は、一九八九年の秋深くまで直接に迫っておりました。屈服、退散するのが当然のことのようにさえ思われたのです。ところが、人間の心に宿る希望の力が抑圧を許しませんでした。

「われわれこそ国民である」。この〔ドイツ語では〕たった四つの、単純で、しかも偉大な言葉が、体制全体を揺り動かし、崩壊させたのです。この言葉の中に具現しているのは、共同のもの、まさしく res publica〔レス・プブリカ、すなわち共和制を意味するレプブリークの語源である〕を、自分で自分の手に握ろうという人間の意志であります。かくしてドイツにおける平和革命は、真実に共和制的なものとなったのであります。ほとんど〔ナチの圧制から社会主義体制に引き継がれた〕六〇年にわたる抑圧ののちにこの革命に成功したということは、それだけで、この革命が驚くべきものであり、しかも信頼すべきものであることを示すのであります。民主主義者は結集し、自由と連帯を目ざしたのです。この二つのことこそ、われわれすべての者の課題であります。

こうした言葉が私に思い起こさせる思い出がある。チェコにおけるいわゆる〈プラハの春〉が、東ドイツ軍も加わったワルシャワ条約軍によって押しつぶされた直後のことである。私が、東ベルリンを訪ねたとき、ひとりの牧師が、私たちは民主主義の何たるかを長く知らない、何しろ一九三三年のナチの政権獲得以来だからね、と言い、せっかく隣国に芽生えた民主主義の芽をドイツの軍隊がつぶした、私たちの国から出て行ってつぶしてしまった、取り返しのつかないことをしてしまったと嘆いて、泣いた。ヴァイツゼッカーの言う「六〇年」もまた、そのような歳月を言うのである。ちなみにこの牧師の子息は、同じく牧師となり、変革運動に献身し、東ドイツ最後の内閣の閣僚のひとりとなった。そのような人間的な心が燃え続けたところで生まれるものは、〈共和制〉に他ならないという、この発言も記憶すべきである。特に日本人は。同じ敗戦を体験し、同じ民主的社会建設によって国家再建を計ったはずの日本の現状を、この視点から厳密に検討する責任と課題がわれわれにあると私は思っているのである。

ドイツ統一の道

ところで、こうした視点から、東西統一はいかにあるべきかを、ヴァイツゼッカーは次のように語る。この部分は、ヴァイツゼッカーの思想を最もよく語る部分でもあるし、私にとって最も感銘深いところであったので、少々長く引用することにする。

さてDDRについてであります。DDRの側からすれば、この統一の時点で明らかに見られるのは、一方では困惑の状況であり、他方では、しあわせな状況であります。しかし、われわれが、東と西との間にあって出会うのは、失敗した人間存在と成功した人間存在としてであり、悪人として、また善人としてであるなどと勝手に考えるのは、馬鹿げたことでもあり、非人間的なことでもあります。成功したかしなかったかで計られるのは体制だけであって、人間そのものではありません。西側が数十年の間与えられてきたのと同じチャンスが、これまでのDDRに生きてきた人たちにも与えられた今日、そのことは明らかなことになるでしょう。

いかなる人の人生も、それぞれに意味があり、またそれなりの値打ちを持つのです。いかなる人生の一齣《こま》も無駄であったことはありません。まして困窮のなかにあってこそ、そうなのです。DDRのドイツ人たちは、最も困難な条件のもとで、人間として本質的に大切なものを生きて示してくれたのです。われわれは、それが統一ドイツの本質を形成する不可欠なものになるであろうとの望みを抱くことができるのです。

もしそれを無視するようなことがあれば、それは、既に消失した体制の罠に最後のところではまってしまうことになるでしょう。この〔社会主義の〕体制が前提としていたことは、国家と社会において絶対的なものとして定めた規則によって、人間の思想も目的も規定できるということでした。そうです、新しい、社会主義的に統一された人間を形成できるということであったのです。もしそれに成功していたとすれば、そのような人間は、事実として、体制と共に、今既に退散しなければならないということになるのでしょう。しかし、共産主義は、まさに、この試みにおいて空しく挫折したのです。体制のこの驕りに対して精神の自由が首尾一貫して戦うことができたのです。個人の人格が集合的な理解に対して勝利したのです。

専制政治のもとで、解放をもたらす手懸かりがかえって形作られていたのです。まさしく政治的に不自由であったからこそ、合法的な政治の限界がどこにあるかを見抜く鋭い目を養うことができました。公の関心事とされることの外にこそ、人間の自由があるということを見ることができるようになったのです。不自由こそが、自由とは何かを教えます。DDRに生きることによって、それを体験したのです。

もとより、〔DDRの〕国家は、その体制の理解するところにおいて国民のために心を配りました。しかし、人間らしい困窮と尊厳の中に生きる人間を認めることはありませんでした。そこで、人間は、お互いに助け合ったからこそ生き延びることができました。困窮に生きるとき、共同の生活の基盤が作られます。連帯は、憲法上の抽象的な言葉に留まらず、まことに身近な現実となりました。諸教会において、あるいは、キリスト教的社会福祉施設において協力して働くためには、勇気もいるし、捨てるべきものを捨てる心も不可欠でした。しかし、それが祝福をもたらしたのです。内的な力を生んだのです。そこでは、国家がないがしろにした重度の障害者たちのみとりもなされました。そのようにして生命を重んじる心が実践されたのであります。

社会主義体制の厳格な秩序のもとで、かえって軽視されていた弱者の傍らにあって愛の奉仕を続けた人びとのことを、ヴァイツゼッカーは知っていた。後述するように、ドイツプロテスタント教会の指導部に属していたのであるから、こうしたことをよく知っていたとも言える。しかし、特別の関心がなければ、そのような隠されたところでの、自己宣伝もしない人びとの愛の労苦に心を注ぎ続けることはなかったであろう。

これと同じような評価が、DDRにおける芸術活動についても述べられる。社会主義政権に対してとった作家たちの態度が、今日厳しい批判の対象になっているなかで、ヴァイツゼッカーは、どちらかと言うとそれについても同情的に語るのである。

同じような国家協力の問題であって、より深刻な問題となりつつあるのは、シュタージと略称される国家保安警察機構に対する協力問題がある。これは一種の秘密警察機構である。たとえば、私が、一九六五年から六七年までの最初のドイツ滞在の頃は、私が東ドイツの教会を訪ねる目的でビザを申請しても許可が出ることはなかった。教会を敵視する政策が続いていたし、日本とは、まだ国交がなかった。そこで観光ビザで入国し、もちろん講演や説教はできなかったから、次々と教会を訪ねては小さいグループでの懇談を重ねていた。あるときは、入国して三日目に警察から電話があった。私が教会を訪ねていること、懇談の形で政治的発言をしていることは明らかに違法であり、厳重に警告するというのである。それはそのような小さな、しかも顔見知りの教会員、キリスト者ばかりの集会であるのに、その誰かが私の行動と発言を逐一報告しているとしか思えないほどに詳細な警告であった。スパイがいたのである。そのような協力者を至るところに作ったのがシュタージである。国家は、そのようなスパイを用いて教会の最高指導者たちの会議の模様さえ承知していたと言われる。金銭的報酬と脅しとをもって至るところに協力者を求めたのである。その協力を強いられた人たちの前歴が今暴露され、地位を失い、職から追われている。このシュタージの問題は、おそらくなお長期にわたって処理されるべき、最も悲劇的なDDR崩壊の後始末の問題になっている。ヴァイツゼッカーは、この演説において、こうした不道徳な行為を強いた国家保安警察機構に対しては、怒りの思いすら表している。しかし、その共犯者たちは、むしろ犠牲者でもあり、自分たちが狙った犠牲者たちをシュタージが共犯者に仕立てていった事実を指摘し、そのような方法の陰険さをこそ弾劾すべきだとしている。シュタージの犯罪、それを忘れるわけにはいかない。しかしまた、不信の心を養うだけの追及も空しい。報復によるのではなく、和解による信頼関係の回復こそ望ましいとしているのである。

もうひとつ、興味深いのは、変革後の東ドイツ政治における〈しろうと〉の活躍について語っていることである。SEDが政権を失ってから後、民主化の過程で、これまで政治にほとんど関わりを持たなかった人たちが、内閣を組織したり、国会議員になったりした。あるいは、市長、町長などの地方行政や、地方議会の立法機関でも多くの〈しろうと〉が活躍したのである。私も、衛星放送で東ドイツのテレビニュース、〈アクトゥエレ・カメラ〉を見ていると、その名を知る神学者、牧師たちが何人も大臣として登場して来るので、驚きもし、楽しくもあった。政党政治の機微もわきまえず、政治の常道をも知らないこれらの人びとの登場を、しかし、誰もが歓迎したわけではない。〈しろうと〉だからこそ、西の〈くろうと〉たちにいいようにあしらわれたのだと嘆く人もあるし、あるいは、西側のジャーナリズムでは、東の大臣たちの無能ぶりを冷笑する言葉を読むこともしばしばであった。しかし、ここでもヴァイツゼッカーは、むしろ〈しろうと〉が〈くろうと〉と対等にふるまえるところに民主主義の真髄があると見ている。こうした言葉が東側の人たちをどれだけ勇気づけたかわからないと私は思う。

再び問うが、このような言葉が、本当に〈からっぽの教会堂の説教〉に終わってしまうのであろうか。直ちに忘れさられるような式典向きの美辞麗句に終わるのであろうか。私は、このような言葉こそ、むしろ永続性を保ち、これからなお何年もかかるであろうドイツ統一の完成作業における道標になるであろうと信じている。

第三章　歴史の重荷を自ら負いつつ

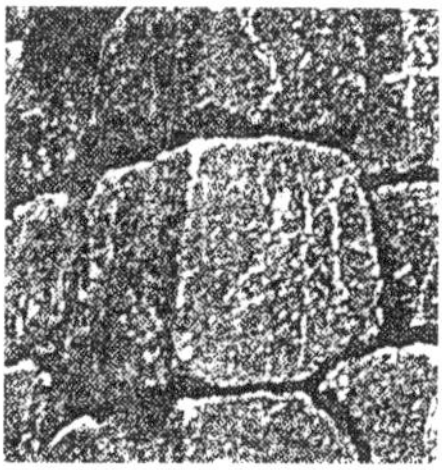

第一節　貴族の子

貴族の家系

このような大統領が、どのような歩みを重ねて今日に至ったのか。当然、われわれは、そのようなことを知りたいと思う。ここで、できるだけ簡潔に、リヒャルト＝フォン＝ヴァイツゼッカーの今日に至る歩みを辿ってみることにする。

リヒャルト＝フォン＝ヴァイツゼッカーの名の中に「フォン」という表記が入っている。これは、その名を持つ者が貴族であったことを示す。本来は、そのあとにくるのが地名であって、もちろん、その貴族が封じられた土地の名が、その人の名ともなるのである。今日のドイツは、日本と同じで、貴族、爵位を廃止しているが、その名残りは、このようなところに見られる。このようなフォンという言葉を含む名前を持つ人をわれわれは、案外たくさん知っているし、また、そのような名を持つ家族が一種の誇りを持ち続けていることは否定できない。また大衆的な新聞を読むとすぐ分かるが、ドイツの大衆は、ドイツやヨーロッパ全体の王室や旧貴族にたいへん興味を持つものである。これは欧州諸国共通のようである。ヴァイツゼッカーの大衆的な人気のひとつに、この人が名家、貴族の出身であるということもあるのではなかろうか。いかにもそれらしい気品を備えながら、しかも謙遜で、気さくなことが、そのひとつの魅力になっていると思われる。

ドイツのマルティーン＝ヴァインというジャーナリストが、『ヴァイツゼッカー家の人びと』という、六〇〇ページ近い大冊を出版したのは、一九八八年である（Martin Wein, *Die Weizsäckers, Geschichte einer deutschen Familie*, Deutsche Verlags-Anstalt, 1988）。言うまでもなく、大統領リヒャルト＝フォン＝ヴァイツゼッカーに至るまでのヴァイツゼッカー家の系譜を辿って見せている書物である。この書物も、この大統領の出現によって促されて書かれたものであろう。しかし、この人ひとりのことについて叙述するのではなくて、長い歴史を持つヴァイツゼッカー家そのものを描き出そうとする。それだけの値打ちがあるのである。リヒャルト＝フォン＝ヴァイツゼッカーと言えば、われわれ日本人も、すぐにその兄、自然科学者カール＝フリードリヒのことを思い起こす。長く、むしろこの兄のほうが遙かに知名度が高かったのである。しかし、この兄弟に至る、長い期間にわたって形成されてきたヴァイツゼッカー家そのものが、既にドイツでは知名のものなのである。そしてそれは単なる一貴族の家名ではなくて、ある実質を伴う精神の歴史を担うものである。ヴァイツゼッカーの思索の特質のかなり多くの部分が、これに負うているとさえ思われるのである。

シュトゥットガルトやハイデルベルクの町々を結んで、北に向かって流れ、やがてマイン川に達するネッカー川がある。この著名な都市の名が示すように、その流域は、中世において既に盛んな文化を誇ったところである。このふたつの都市のちょうど中間辺り、その東岸から始まり、更に東へ、タウバー川に達する辺りの高原地帯を、ホーエンローアー台地と呼ぶ。州で言えば、バーデン・ヴュルテンベルク州に属する。ヴァイツゼッカー家は、その地に長く住み着いていた、いわゆる名家だったのである。その台地のほぼ中央に近い町エーリンゲンに、今でも五年に一回はヴァイツゼッカー家の一族が集まるという。最近は一九八七年五月にその会合があった。ヴァインは、その会合の様子を写真入りで描写することからその叙述を始める。そして可能な限りこの家の歴史を辿り直そうとしている。それによると、ヴァイツゼッカー家の歴史は、中世の一二世紀にまで遡ることができるのである。

中世において既に騎士であったこの家系からは、政治家、学者、神学者などが輩出している。たとえば、その中でも、岩波書店刊行の『西洋人名辞典』にまで掲載されている知名の人は、一九世紀の神学者カール＝ハインリヒ＝フォン＝ヴァイツゼッカー（Carl Heinrich von Weizsäcker 一八二二～九九年）である。エーリンゲンに生まれ、テュービンゲン大学の教会史の教授となったが、特に初代教会史および新約聖書学の領域で業績があり、当時流行の聖書の文献批判的研究において独自の貢献をしている。また特に、一八七五年に発表した新約聖書の翻訳によって知られる。これはヴァイツゼッカー家では、今日なお愛用されているようである。この教授はまた宮廷説教者であった。王室のキリスト教的諸行事を司どったのであり、当然ヴュルテンベルク政府にも影響力を持ち得たのである。そのように教会人として当時のヴュルテンベルク領邦国家の政治にも関わったこの人が、ヴュルテンベルクのヴィルヘルム一世から爵位を与えられ、その後、フォン＝ヴァイツゼッカーという貴族称号を伴う家族名を名乗るようになるのである。ついでに言えば、その弟エルンスト＝ユリウス（Ernst Julius von Weizsäcker 一八二八～一八八九年）は中世の研究家として知名の人であったそうである。こうした知名の神学者を出しているように、キリスト教会に深い関係を持ち、信仰の伝統を代々受け継いでいる。しかし、それは決して保守的なものではない。このヴュルテンベルクという国の教会は、ルター派ではあったが、啓蒙主義的な色彩の強い教会であり、他のドイツ諸国のルター派教会を知る人びとからすれば、驚くほどである。それは今日においても受け継がれている。たとえば、その礼拝儀式の簡素、自由さに、既にその傾向がはっきり見られるのである。

カール＝ハインリヒの子カール＝フーゴー＝フォン＝ヴァイツゼッカー（Karl Hugo von Weizsäcker 一八五三～一九二六年）が、リヒャルトの祖父である。シュトゥットガルトに生まれ、テュービンゲンで法律を学び、学位まで得ていたが、父のような教授にはならず、直接に政治の道を志した。一九〇一年にヴュルテンベルクの教会・教育担当大臣、日本で言えば文部大臣になった。一九〇六年には、外相兼務の首相となり、一九一八年の革命のときまでその位置にあったのである。民主政治を好まぬ、断固たる保守的政治家であったらしい。そしてその次男、エルンスト＝ハインリヒ＝フォン＝ヴァイツゼッカー（Ernst Heinrich von Weizsäcker）がリヒャルト＝フォン＝ヴァイツゼッカーの父であった。

エルンスト＝ハインリヒは、一八八二年に生まれた。海軍の軍人を志し、一九〇九年には士官となった。しかし、やがて海軍武官として外交の道に入り、結局は職業的な外交官、熟達・有能な外務官僚となり、外務次官にまでなるのである。一九一一年には、知名の海軍の将軍フォン＝グレーフェニツ（von Greavenitz）の娘マリアンネ（Marianne）と結婚、四人の子を与えられた。リヒャルトは、その末子である。一九一二年生まれ、つまり八歳も年長の長兄カール＝フリードリヒは、著名な自然科学者、また哲学者として知られる人である。しかもまことに誠実なキリスト者であって、ドイツの教会の信徒指導者として、弟リヒャルトと共に歴史に残るような働きをするようになるのである。年齢のこともあり、また早くから学者としての頭角を現したために、弟よりもかなり早く著名の人となった。リヒャルトは、長くこの知名の人の弟として知られ、常にその影にある存在とされていたようである。もちろん今は、そのようなことはない。一九一六年生まれの姉アーデルハイト（Adelheid）がいたが、娘はこの人ひとりであった。そして次男にハインリヒ＝ヴィクトール（Heinrich Viktor）がおり、まことにすぐれた青年であったらしいが、軍務に進んで服し、第二次大戦開戦直後に戦死し、一家の深い悲しみを誘った。三男がリヒャルトである。

リヒャルトの誕生と成長

リヒャルトが生まれたのは一九二〇年四月一五日である。この年は、一月にヴェルサイユ条約が発効し、それと共に、国際連盟が結成されている。二月、ヒットラーがミュンヘンでドイツ労働者党綱領を発表、三月には、ベルリンで帝政派の退役軍人カップによる反革命クーデターが生じ、社会民主党がゼネストをもって対抗、カップはたちまち失脚した。ちょうどこの時、つまり、カップに対抗して決起した労働者たちが至るところに赤旗を翻えさせ、社会的不安定が全土にみなぎっていた時に、オランダのハーグに海軍武官と

ゼロ歳、母の膝の上で（1920）

して滞在していたエルンストは帰国することになったが、列車を利用することができず、身重であった妻をいたわりながら、何日かを費やして舟でライン川を遡って妻の実家があるシュトゥットガルトに帰った。そしてその実家があった、その地の新宮殿の一角で、臨月であった妻マリアンネはリヒャルトを出産したのである。こうしてリヒャルトは、たまたま、それまでの多くのヴァイツゼッカー家の人びとと同じように、シュトゥットガルト生まれとなったのである。

その後、ベルリンで暫く働いた父は、一九二一年にはスイスのバーゼル勤務となり、一九二六年にデンマークのコペンハーゲン、一九二七年にはベルリン、そして一九三一年から三三年まではノルウェーのオスロと、勤務地がかわっていく。家族はエルンストの転勤に伴い転々としている。外交官家族の宿命であろう。

一九三三年、ナチの政権獲得後、父はスイスのベルン大使館勤務となる。三六年、ベルリン外務省に転勤、やがて時の外務大臣リッベントロープに請われて外務次官となった。そして第二次大戦勃発時のナチ政府の外交戦略の中枢にある官僚として働いたが、一九四三年、遂にナチ政権との対立が決定的となって、自ら望んでヴァチカン大使に転勤となる。それまで、ベルリン滞在が続くのである。こうしてリヒャルトは、多感な少年時代に転々と学校をかえることになる。そのために勉学上の困難を覚えることも再三であったらしい。

この間、不在がちであった父に対して、献身的に子供の養育に力を注いだのは母マリアンネであった。多くの、豊かな感覚をもった思想家がそうであるように、リヒャルトにとっても、この母の感化は大きかったようである。やさしさの中に厳格さを秘めて、しつけられたようである。またこの母の指導で、音楽を早くから学ぶようになり、ヴァイオリン、トランペット、ギターなどの楽器に親しんでいる。家ではかなりやんちゃな末っ子であったらしい。しかし、いずれの学校でも、賢くはあるが控えめな子であって、一緒に学んだ友人たちの記憶に残るような際立ったところはあまりなかったとも伝えられている。

外交官の子でないと体験しないようなこともいろいろあったようである。たとえば、オスロでは、父エルンストは大使であった。兄たちはドイツに残って学業を続け、リヒャルトだけはオスロに家族と共に住んでいたが、適当な学校がなかった。そこで両親は、ドイツから牧師の資格を得たばかりの若い神学者ヘルマン゠ヘーベルレを招いて家庭教師としている。学校で学ぶべき学科のほとんどすべてを教えさせたのである。ついでに言えば、若い牧師が貴族の家の家庭教師になるということは、決して珍しいことではなかった。もちろん教会本部の了解、その任命によるのである。従って、当然のことであるが、学科だけではなくて、ルター派教会の伝統に従いながら、信仰箇条、主の祈りなどを教わっている。この信仰教育は、忘れ難い感化を残したと、のちにリヒャルト自身が述懐している。日曜日には、家族揃って、ドイツ人教会の礼拝に欠かさず出席している。ごく自然にキリスト教信仰を体得することができるような家庭であったと思われる。このような、幼いときからごく自然に体得する信仰の知識、教理と信仰の筋道に従う思索、礼拝と祈り、また人間関係にまで及ぶキリスト者らしい生き方の体得、それが、どれほど大きな意味を持ったか。リヒャルト＝フォン＝ヴァイツゼッカーは、ごく自然にキリストに対する信仰に生き得ている人であるが、それは、まずこの幼時の教えに根ざすものであったと思われるのである。

留学生活

リヒャルトは、一九三七年には、一七歳でドイツからの唯一の留学生としてオックスフォードに学び、主として英語修得に集中して学んだ。一年後、フランスのグルノーブルに移り、スキーを楽しみながら、フランス語修得に励んでいる。このことがのちのちどれほど大きな意味を持ったかは明らかなことである。

一九七四年、ヴァイツゼッカーと争って大統領に選ばれたＦＤＰ出身のヴァルター＝シェールは、ドイツ語以外の外国語に堪能な政治家が大統領になった最初であったと言われる。ドイツでは、知識人が必ずしも英語やフランス語を自由に読んだり、まして話すことができるわけではないから、こうした感想もあり得るであろう。伝統に従えば、教養あるドイツ人が学校で学ぶのは、まずラテン語、ギリシア語の古典語であるから無理もないことである。しかし、ヴァイツゼッカーは、若いときからフランス語にも英語にも堪能な国際人として育ったのである。外交官の子として、ノルウェーやスイスなどの外国生活を幼時から体験したことに加えて、このように若くして、ドイツの大学で学ぶに先立って、すでに英国、フランスの大学体験を得たことは、恵まれたことであった。ナチの政権が確立し、国際関係にも緊張が続いており、国内経済事情も悪かった頃に、一〇歳台後半の青年が、このように英国やフランスで大学に学ぶというのは、いかに近い隣国のことであっても、当時としては珍しいことであった。父エルンストは、民主主義者とは言いにくいようであるが、英国の気風を愛し、多くの友人を持つ、自由な文化人の側面もあった。しかも、外交官であったからこそ、その特権を用いて、かなり自由にその子を外国に送ることができたのである。こうして将来に備える勉学を重ねつつ十歳台を終えるのである。

シェールとほぼ同世代の一九二〇年生まれであるから、やがて始まった第二次大戦時には既に二〇歳台であった。子供ではなかったのである。むしろ最も多感な青年期にドイツにあってこの戦争を体験することになる。対戦する相手である英国やフランスについての体験的な知識を持ち、外交官の子息らしい国際感覚を保持しながら、ドイツのために戦わなければならなくなるのである。

第二節　戦争体験

第二次大戦従軍

フランスから帰った一九三八年、ヒットラーはリッベントロープを外務大臣に任命、父エルンストは、そのもとで外務次官を勤めることを求められた。ためらいながら結局は受諾している。そして、この時一八歳で、既にリヒャルトが兵役に就いている。本来は、二〇歳で初めて徴兵を受けるのであるが、兵役に就いたのちでないと、大学で学ぶ許可を得られない仕組みになったために、多くの青年がより早い段階で志願して兵役に就いたのである。二年のつもりであった。しかし、この年オーストリア併合をしたナチの戦争政策に巻き込まれて、遂に一九四五年の敗戦まで従軍することになる。実に七年にわたる戦争体験である。

リヒャルトは、プロイセン軍のなかでも伝統を誇るポツダムの第九歩兵連隊に入隊した。この連隊は、プロイセン生粋の軍人精神を誇り、それだけヒットラーには心服してはいなかった。リヒャルトは初め他の部隊に所属するはずであったが、すぐ上の兄ハインリヒが、職業軍人として入隊しており、その勧めによってこの部隊にかわったと言われる。ハインリヒは、もともと歴史学者となるつもりであったが、既にナチの権力下では、一定のイデオロギーによる歴史研究しかできなくなったので、それを嫌い、軍人になった人だそうである。とにかく入隊した翌年、一九三九年九月一日、ドイツ軍はポーランドに侵入した。そしてこの第九連隊もそれに参加させられた。しかも、兄ハインリヒは、この開戦直後、リヒャルトの戦っていたところから何百メートルとも離れていないところで、銃弾を受けて戦死した。第二次大戦の最初の犠牲者のひとりとなったのである。一九歳の若い兵士リヒャルトは、三歳上のこの兄の遺体を守りながら、一夜を過ごさなければならなかった。それが最初の戦争体験となったのである。

リヒャルトは、その後、西部戦線にも送られ、一九四〇年には、再びポツダムに戻って予備士官候補生となった。一九四一年、見習士官として、東部戦線に送られ、途中負傷して入院を余儀なくされるが、やがて戦線に復帰、この年の終わりには、モスクワ攻略軍の戦闘にあたり、クレムリンまで三九キロに迫った最前線にあったのである。ソ連軍の反撃に遭い、連隊兵力の八五パーセントを失い、三三一名が生き残るという激戦ののち退却している。その後、少尉となって東プロイセンにあった基地の本部付きの士官となった。その間に壊滅した第九連隊は、再編され、デンマーク駐留となっていたが、その有能ぶりを認められたリヒャルトは、中尉に任官後、この連隊に副官として復帰した。一九四二年のことである。副官にはうってつけの才能を発揮し、その組織力は高く評価された。二二歳で連隊副官というのは、異例の昇進であったと言われる。だが連隊は、その年のクリスマス礼拝を一九〇〇名の兵員全員で行ってからすぐに、今度はレニングラード攻略の第一線に送られた。一九四三年七月、連隊は徹底的に攻撃され、こんどは兵士の九〇パーセントが戦死するという悲劇を味わっている。リヒャルトはかろうじて生き延びたのである。ついでに言えば、一

休暇を得てケルンで（1940）

九八七年、大統領としてソ連を訪問したヴァイツゼッカーは、あえてレニングラードを訪問している。激戦のなかで戦死したソ連兵士の墓を訪ねている。かつての戦線を展望して、「一九四三年、私はあそこに立っていた」と述懐したそうである。そして、なぜあえてこの古戦場を訪ねたのかと訪ねられて、こう答えた。「ドイツ人とロシヤ人を、善悪いずれにせよ歴史において結びつけているもの、それがレニングラードです」。

のちに、リヒャルト＝フォン＝ヴァイツゼッカーは、あるインタビューにおいて、この戦争体験について問われて、答えたことがある。それは、同じ世代の者たちの共通の運命であったが、繰り返し新しく口を開く深淵の縁に立たなければならなかった。いや、この運命を体験するには、「あまりにも若すぎたのです」。そうであるに違いない。一〇歳代の終わりから、二〇歳代の前半にかけての、もっとも繊細な青春の時代に、地獄を見るような体験を日常のこととして繰り返したのである。しかも、その勇敢さを称えられて二度も勲章を与えられているのである。ある時、勲章を得たのちに、こう言って少々皮肉を込めて微笑したと伝えられる。「もう休暇もなくなって、師団の休養所に誰も行けなくなったんだから、せめて勲章でもくれて、ご機嫌を取っているのではないですか」。

なぜヴァイツゼッカーの属する連隊が、二度もほぼ全滅するようなことになったのか。そのひとつの理由は、連隊、特に将校たちが、ヒットラーとナチそのものを嫌っていたからであって、その見せしめのためであったと言われる。更には、この将校たちからすれば、ヒットラーの作戦がまことに粗末であって、そのために自分たちが苦境に立たされたのだとされる。それだけに腹が立つことであったろう。しかし、上からの命令には従わなければならなかったのである。

ヒットラーの下で

もともとこの連隊は、将校に貴族出身が多かった。そのために、「伍長あがりのヒットラー」を軽視する風潮があった。保守的であったので、国家主義的な気風もあり、その限りで、ヒットラーのやり方に最初は同調する者もあったようであるが、時と共に反発が強くなった。将校のなかで、一度入ったナチから脱党する者も出たそうである。リヒャルト＝フォン＝ヴァイツゼッカー自身、初めは、単なる反感であったが、徐々に嫌悪、憎悪の思いにさえ変わっていったと言う。

ドイツ国防軍というのは、もともとヴァイマール共和国によって創設されたものであって、ナチによって作られたSS、つまり総統親衛隊などとは違うという意識があった。こういう話も伝えられている。リヒャルトとたいへん親しかった、貴族出身の、年上の将校がいた。アクセル＝フォン＝デム＝ブッシェ－シュトライトホルストという人である。第二三予備連隊の副官としてウクライナに駐留していたとき、ブッシェは、ある空港で、親衛隊が一千人ものユダヤ人を射殺するのを目撃した。ブッシェは介入して、虐殺を中止させようとした。しかし、上官が止めさせた。「われわれは何もできはしない」。そう言った連隊長は、ひと呼吸して更にこう言った。「ヒットラーは、とうとうわれわれからの名誉も台無しにしてしまったね」。ブッシェは、このことをヴァイツゼッカーにきちんと話して聞かせている。そして、その後、いつも小さなスーツケースを持ち歩くようになったが、それには爆薬が詰められており、ヒットラーに出会ったら、自分もろとも爆発させてヒットラーを暗殺するつもりであったという。その企ては、ブッシェ自身が戦傷を負って果たせなかった。あるいはまた、ヒットラー政権転覆計画に加担していたある将校が、その計画の詳細を打ち明けたこともあったと言う。いずれも、年長の将校たちであったが、この若い副官には、絶対に秘密を守るべき心中の思いを打ち明けさせる何かがあったのであろう。

一九四四年七月二〇日、当時予備軍司令官であったクラウス＝フォン＝シュタウフェンベルクが、爆薬入りのスーツケースを持参してヒットラーを訪問、そのケースを置いて帰ったが、爆発には成功したものの、ヒットラーそのものは死ななかった。この暗殺計画の失敗は、ヒットラーを激怒させ、関与した者とされる五千人にものぼる者たちが逮捕され、多くが処刑された。その中には、第九連隊に所属する者が多かった。またリヒャルトが、父エルンストを通じて親しくしていた人びとも多く混じっていたのである。この暗殺事件失敗の知らせは、当時、再三送りこまれたソ連との戦いから逃走中のリヒャルトがリトアニアにいたところで届いたという。決して思いがけないことではなかった。しかし、その挫折の知らせは、痛切なものであった。リヒャルト＝フォン＝ヴァイツゼッカーは、この後、この七月二〇日の事件を何度も思い起こして語っている。自分は、この事件の現場に居合わせたわけではないが、個人的には深く関わっている思いがあったので、自分もこの事件とは深く結びついていると思ったのである。「この出来事は私の生涯にとって決定的な意味をもったのであります」と語っている。のちの言葉で言えば、あのナチの圧制下にあって、〈良心による戦い〉とは何かを、身をもって体験することとなったのである。

エピソード

ヴェルナー＝フィルマーとヘリバート＝シュヴァーンが編集した『リヒャルト＝フォン＝ヴァイツゼッカー——ある男のプロフィール』という興味深い書物に(*Richard von Weizsäcker, Profile eines Mannes*, hg. von Werner Filmer und Heribert Schwan, 1984, Econ Verlag, Taschenausgabe, Knaur, o.J.)、この東部戦線における、青年将校の面影を伝える、当時の戦友たちの証言が更にいくつも載っている。外交官の父から客観的な情報も入るのか、冷静に状況の推移を見守り、あまり動揺を見せない静かな青年将校の姿が浮かび上がってくる。駐ヴァチカン大使になった父が連合軍のローマ占領を前にして、英国大使から安全な地域における住まいを提供してもらったことなどを電話で聞きながら、連合軍と戦っていたのである。特に印象深いのは、のちにフランクフルトの大学の教授となったヘルマン＝プリーベという人の回想である。おそらくあの一九四四年の七月二〇日に起こったヒットラー暗殺未遂事件との関連でゲシュタポに捕らえられたプリーベは、意図的に東部の最も危険な激戦地であった地域に送られ、結局ヴァイツゼッカーの部隊に配属になる。しかし、激戦のなかでも生き残った。すると、そのプリーベを再びベルリンに送還するようにとのゲシュタポの命令書が届いた。だが、それを副官ヴァイツゼッカーが握りつぶしたために、事無きを得たというのである。プリーベは、このことをヴァイツゼッカーに深く感謝しているのである。東部戦線における青年ヴァイツゼッカーの姿を理想的なものとしてしまうことは危険であろう。厳しい矛盾のなかで苦悩することも多かったであろう。しかし、そこで決して非人間化せず、誠実な人間であり続けたことは確かなようである。生命を賭けた戦争が続くさなか、そこで重要な責任を負わされていたヴァイツゼッカーが、どれほど深く戦争の悲劇を体験したか、想像するに難くないのである。

戦火を逃れて

ところで、暗殺事件の失敗、その背後に第九連隊関係者が多かったことなどが、ヒットラーの怒りを買い、遂に事実上連隊は解消させられる。生き残った者たちは他部隊配属となり、東プロイセンの戦線で、またもやソ連軍と対戦することになる。一九四五年に入ってソ連軍の攻撃が激しくなり、敗走に敗走を重ねた。時には、連隊長が重傷を負って、このとき既に大尉となっていたヴァイツゼッカーが指揮を取ったこともある。そして遂に激戦の最中に彼自身が負傷した。そのためにダンツィヒから船でコペンハーゲンに逃れ、そこからポツダムに帰隊することができた。そして休暇を得て、静養のためにボーデンゼー湖畔のリンダウの伯母のもとに移った。そこもやがてフランス軍の侵入を受けている。そしてリヒャルトは自ら軍服を脱いで市民生活に戻った。この時の行為は、兵役脱走の罪にあたるのではないかということが、戦後、ドイツの右翼から問われることになる。ドイツにおけるヴァイツゼッカーに対する最も激烈な批判者は、左翼にはなく、ほとんど専ら右翼の人びとであるが、その材料とされたのである。既に敗戦が明白なこととなり、軍規も何も意味を持たなくなっていた頃のことなのである。いずれにせよ、ここで戦争で既に夫を失っていた姉アーデルハイトや、その他の親族たちと共に住むことになった。そして鶏や牛の世話をしながら、一九四五年五月八日、つまり敗戦の日を迎えたのである。両親は、当時ローマにいた。後四〇年を経て、この日を記念した演説をしたとき、この二五歳で味わった敗戦の思いを鮮やかに思い起こしていたであろう。いや、一年で済ませたかった兵役が七年にもなり、その大半の六年間を占めることになった戦争体験は、その思想形成に決定的な意味を持ったに違いないのである。

そして戦後

敗戦の年の一九四五年の冬学期から、リヒャルトは戦後最も早く授業を再開したゲッティンゲン大学で学業を始めた。二五歳にしてようやく大学生となったのである。今日からは想像することができないほどの物質的な窮乏のなかで、かえって精神的にはきわめて高揚した雰囲気の大学で、専門として選んだ法学とともに、哲学、歴史、自然科学などの講義にも出席している。私の知る神学の領域にしてみても、この頃のゲッティンゲンと言えば、旧約学者のフォン＝ラート、新約学者のイェレミアス、教義学者のハンス＝ヨアヒム＝イーヴァントなど、今日においてもその業績が深く記憶される学者たちが若々しい活動を再開していた。それらの人びとの講義も折りに触れて聞いていたようである。ヴァイツゼッカーの哲学や神学に関する知識は、なかなかのものであるが、その土台はここで作られたのであろうか。しかも夜には、やはり再開されたばかりのオペラやコンサートを楽しんでいる。モーツァルトの傑作オペラ「フィガロの結婚」は五回も繰り返して聞きに行っている。それは、青春時代の忘れ難い思い出となったのである。このようなところにひとりの人間のこころがよく現れるものである。

リヒャルト＝フォン＝ヴァイツゼッカーが、自分の少年期、また青年期についてやがて回想録を書く時がくるのかもしれない。しかし、それを待たずとも、このように素描してみるだけで、この大統領の思想形成に、こうしたドイツの激動の時代を若い心と肉体に深く刻み込まれるように体験したことが、どれほど大きな意味を持っているかは言うまでもないことである。傷として深く刻まれていると言うべきであろうか。

ヴァイツゼッカーが常にドイツ敗戦に至るまでのドイツ人の責任について言及するとき、こうした個人的な体験が背後にあることは否定できない。特に大きな戦争を含む国家の激動期をどのように体験してきたかは、ほとんど余人には窺い知れないほどの大きな意味を持つものなのである。長いドイツの国家と民族の歴史のなかに生き続けてきたヴァイツゼッカー家の精神的・社会的伝統を受け継ぎ、父の罪責をも共に担い、しかも、自分自身の道を切り開く。しかもそれが、戦後ドイツの再建の道と深く関わり合っていたのである。その思想の根幹が形成される青年の時代を、そのような激動の時代として生きたこと、そのことの重要性はいくら強調しても行き過ぎにはならないであろう。それはもちろん決して平坦な道ではなかった。ヴァイツゼッカーの育ちからしても、その資質からしても、ますます道は平坦ではなかったのである。

第三節　父と子

父の弁護者

一九九一年夏、私がアメリカを旅したとき、招かれてミシガン湖畔のオランダ移民の町ホランドを訪ねたことがある。ホープ・カレッジという改革派教会系の大学がある。その大学関係の小さなパーティがあって、私も出席した。立食の席であった。私が英語に難渋しているのに同情したのか、アメリカ人の友人が、ドイツ語の上手な教授がいるが、と小柄な紳士を紹介してくれた。話し始めるとヨーロッパ、特にドイツの近代・現代史を専門としているとか。なるほどドイツ語が達者であった。思わず、まるでドイツ人のように流暢ですね、と愚かな褒め方をしてしまった。自分は、もともとドイツ人であったという答えが返ってきたのである。ライプツィヒに生まれ、ナチの時代にアメリカに移って帰化した。ユダヤ系ドイツ人であったのであろうか。私の関心のひとつが大統領ヴァイツゼッカーにあると知ると、すぐに、その父エルンストの名を出した。私もそれに応えて、この父と子との関わり、特に父の戦争犯罪の問題について関心を持っていると話し出すと、実は、自分は、エルンストが裁かれたニュルンベルク法廷において、法廷づき翻訳部門の責任者であったと名のり出たので、たいへん驚いた。このポール＝フリード教授との出会いのような体験があるから、旅は楽しいと言えるほどの、意気投合する会話が弾み、とうとうその車に同乗して教授宅まで赴き、夜遅く迄話し込んでしまった。

その家を辞去するとき、フリードが私に貸し与えてくれた書物がある。私の知らなかったものである。一九七一年に刊行された『独裁制に悩まされて』とでも訳し得るかと思う表題の論集である。(*Diktaturen im Nacken*, hg. von Rolf Italiander, Delp, 1971)。ドイツのみならず、ヨーロッパ諸国において、第二次大戦時、独裁政治下にあった人びとの苦悩、妥協、抵抗を論じたものである。その中にフリード自身が、「エルンスト＝フォン＝ヴァイツゼッカー男爵の場合」と題して一文を寄せている。海軍武官から始まって、軍人であるよりも専門外交官の道を選んだエルンストが、ナチが政権を握ったとき、なおその位置に留まり、それどころか請われるままに外相リッベントロープのもとにあって外務次官となり、ナチの外交活動の要にいたのである。やがて大戦中にヴァチカン駐在大使として左遷されるまでの、その行動が、いやヴァチカンにおける態度まで含めて裁判の対象となった。その戦争責任、人類に対する罪が問われたのである。フリードは、裁判において諸資料を詳細に知り得る立場にあった者として、明確な自分の考察と意見を述べている。しかも、興味あることに、それには、リヒャルトの兄、物理学者カール＝フリードリヒ＝フォン＝ヴァイツゼッカーの反論が添えられている。フリードは、十分な同情をもって、ナチに協力せざるを得なくなったエルンストのことを書いているが、カールは、父がフリードが言うほどにもナチに加担していなかったと主張するのである。ことの是非は暫く措くとして、われわれが注目しなければならないのは、この父エルンストの裁判に、当時まだ学生としてゲッティンゲンに学んでいたリヒャルトが、弁護人の助手として深く関わったことである。それは、かつて体験しなかったほどの父と子との絆を深めることであると共に、そのことを通じてナチの国家的・国際的犯罪の事実を正面から見据え直す体験となったのである。

　せっかく始めたゲッティンゲンでの学生生活をリヒャルトは、この父のために再び中断することになった。一九四七年七月父エルンストが逮捕された。ニュルンベルク裁判で裁かれるためである。エルンストを初めとする、ナチのもとでの外交に携わった人たちの裁判であったので、外務省のベルリンの所在地から〈ヴィルヘルム街裁判〉と呼ばれるようになった裁判である。あるいはまた、〈乗合バス裁判〉とも呼ばれた。それにはちょうどさまざまな人がバスに乗り合わせるようにその他の官僚、経済人なども連座し、ナチズムの主導者ではなかったが、それに協力し、侵略戦争に加担した人びとの罪が裁かれたからである。共に裁かれた者は二〇名であった。家族の依頼でエルンストの主任弁護人となったヘルムート＝ベッカーは、正式の助手とは別に、まだ法律の勉強を始めたばかりの被告の三男リヒャルトに、弁護人の助手として働くことを求め、軍事法廷もそれを許可した。こうして弁護人助手の位置にある息子がほとんど毎日のように囚われの父を訪ね、慰めることができるようになった。幼いときから不在がちであり、しかもどちらかと言えば寡黙の人であった父との交渉が、この異常な条件のもとで、これまでにない緊密なものとなったのである。

　リヒャルトの仕事は、膨大な裁判資料を調査することと、適当な証人を捜し出して、裁判において適切な証言をしてもらうために準備することであった。裁判に用いられた証拠書類は三九〇〇〇

戦争裁判で父と共に（1948）

ページを越えるものであり、英語による裁判記録は、二八〇八五ページに達したと言われている。これらの文書に触れたことは、まだ二七歳であったリヒャルトにとって、衝撃的な意味を持つものとなったようである。〈五月八日の演説〉において言及しているように、既にそれまでに、ナチが行ったユダヤ人迫害や虐殺、戦線における無法な殺戮を全く知らなかったわけではない。しかし、膨大な資料による証言、そこで明らかになってくるナチの犯罪の全貌は、初めて知る恐るべきものであった。ナチの指導のもとでドイツ人がいったい何をしたのかを、否定し難い直接証言、証拠の書類によって徹底的に知らざるを得なかったのである。そのような体験が、東部戦線の体験とともに、今日の大統領を、このような大統領たらしめている、ひとつの決定的な要素となったことを、だれも否定することはできないであろう。

父の罪？

戦争を体験したあと、その戦争についての責任を問われる者の弁護者となって、あの戦争とは何であったかを追体験している。しかも、裁かれているのは、祖国でもある。おそらくきわめて複雑な心境での裁判体験であったろう。しかも、そこで、その犯罪行為に対する罪責を問われているのが父なのである。エルンストが問われた戦争犯罪は、かなりの項目に及ぶが、結局はふたつのことに集中すると言えよう。ひとつはナチの思想をどれだけ共有し、戦争政策にどれだけ加担したかということである。もうひとつは、ユダヤ人迫害に対する態度であった。たとえばヴァチカンに大使として在任していたとき、ローマで捕らえられたユダヤ人たちが強制収容所に送り込まれるという事件が起こった。そのとき彼はどうしたか。ある僧院に隠れていた一八五名のユダヤ人は、保護状を出して守っている。しかし、同じ頃千人を越えるユダヤ人がイタリアから移送されてしまったのを防いではいない。完璧ではなかったが、可能な範囲での抵抗はしたということなのであろうか。ここでは、エルンストの戦争犯罪論を主題として論じるいとまはないが、第二次大戦中の日本の知識人、また政治家たちの行動をめぐる考察にも深く関わることである。しかも、率直に言って、日本では、ドイツほどにも、冷静に、理性的に戦争における自分たちの行動を吟味していないように思う。

それはともかく、エルンストは、ナチに入党している。そうでないと高位の官僚の地位に留まることはできなかったのである。もともと民主主義者ではない。むしろ貴族出身、軍人出身の官僚らしい民主主義嫌いであった。ただし出身地ヴュルテンベルクは、啓蒙主義思想の伝統の強いところで、エルンストにもキリスト教的合理主義の傾向があったと思われる。いずれにせよ、ナチ入党をも拒むほどの民主主義者ではないし、その権力を限定付きで受け入れることはできたのである。その程度の同調者であった。しかも、外務省に留まってナチ政権誕生を迎え、その後請われて外務次官に就任したときは、むしろ、自分の外交専門官僚としての手腕をもって、ナチの過ちは是正できると思っていたところがある。一九三八年のミュンヘン協定成立の際に、決定的な役割を果たしたのは、イタリアのムッソリーニ首相の調停、解決案提案であるが、この解決案も、実際には、リッベントロープ外相を抜きにして、エルンスト＝フォン＝ヴァイツゼッカー次官の主導によるドイツ側の作成したものだと言われる。また同じ頃、ヒットラーに対するクーデターが、英国との緊密な連携のもとで計画されたらしい。その時、英国との連絡にあたって大きな役割を果たしたのが、エルンストであったと言われる（綱川政則『ヒトラーとミュンヘン協定』、新装第三刷、一九八九年、教育社参照）。このとき英国側で連絡を取っていたひとりがウィンストン＝チャーチルである。チャーチルは、のちにエルンストがニュルンベルク裁判被告となったことを聞いて、一九四八年の英国下院議場において、この裁判は「恐るべき錯誤」であると言っている。これはかなりよく引用される有名な発言であるし、エルンストにとって強力な弁護の言葉となった。

第四節　七月の思い出

七月二〇日に

一九四四年七月二〇日、この日は、ドイツ人であるならば、多くの者が記憶しているはずである。ベルリンには、七月二〇日通りというのさえある。クラウス＝フォン＝シュタウフェンベルク大佐という軍人がヒットラー暗殺を企て、失敗した日である。そしてその背後にあった反ヒットラーのグループに対する大弾圧が行われた（村上伸『ボンヘッファー』、一九九一年、清水書院、一一五ページその他参照）。このことについては、先に述べた。それから二〇年を経た一九六四年にリヒャルト＝フォン＝ヴァイツゼッカーは、東ベルリンで開かれたエヴァンゲリッシェ・アカデミーの「喜びなき記念祭」という主題の研修会に招かれて講演している。このアカデミーは、信徒大会とならんで、戦後のドイツ・プロテスタント教会が試みた画期的な、しかも成功した企てである。さまざまな社会的・信仰的問題を掲げて、その道の専門家を招きながら、一般信徒も牧師も学び、討論する、何日かにわたる合宿による研修会である。そのような研修のための施設が、東西ドイツの各地に作られたのである。祝祭的な性格を伴う信徒大会に比べると、日常的な地味な研修であり、それだけに敗戦後のドイツ社会再建に果たした役割は大きい。そのような研修会のひとつが、七月二〇日事件二〇周年を記念して、それをめぐる討論を行い、ヴァイツゼッカーは、招かれてそこで講演をしたのである。まだ政治家として活動し始めて、それほど知名の人とはなっていなかった頃である。これは、私の知るかぎり、リヒャルト＝フォン＝ヴァイツゼッカーが、公に語った言葉、しかも教会的な集会で語って、その記録が刊行された最初の講演である。この事件については、ヴァイツゼッカーは、のちになっても語っている。たとえば、一九八〇年七月二〇日に、ベルリンにおいてした記念講演がある。しかし、より簡略であるし、私の見るところ内容的にはあまり変わりはない。特にその結論部は、一九六四年のそれと文章まで同一である。基本的な考え方は、変わっていないと見てよいのである。

ヴァイツゼッカーの最初の講演集『ドイツの歴史はなお進展する』の巻頭に、この講演が載せられており、講演の題は、「一九四四年七月二〇日―良心の故の反逆」である。ついでに言えば、一九八〇年の講演の題は、「良心は立ち上がる―一九四四年七月二〇日をめぐって」というのであって、その主張の中心点がどこにあるかを明白に示している。そこでヴァイツゼッカー自身が、まず注を付している。これが興味深いのである。

まず、この反乱が企てられた当時、自分は東部戦線にあったが、すでに間接的に反ヒットラー計画を知っていたと言う。属していたポツダムの連隊が、伝統的にもナチになじまず、反逆者を多く生んでいる。従ってヒットラーに捕えられ、殺された人びとと面識もあったのである。自分の人間としての成熟の過程において、この事件の意図していたものが決定的な意味を持ったと認めている。人間的関係からしても、その思想からしても、自分は、非常に近い関係であったと明言している。

そしてもうひとつは、父エルンストを通じて反乱の企てについて聞いていたのである。その方が重要である。村上伸『ボンヘッファー』にも登場する、ベック、カナリス、ドナーニらの反ヒットラーグループと父とは親しかったのである。この関連で、リヒャルトは、エルンストを戦争犯罪人扱いしたのは、チャーチルの言うとおり、やはり間違いであったと指摘している。しかし、その上で、自分の父も、戦争中に行われたナチの犯罪的行為を直視すれば、自分が裁判にかけられても仕方なかったことが分かる。そのような過ちをなぜ犯したかもまた、よく理解できると父自身が考えていると言うのである。いささか複雑な心境なのであろう。

良心の抵抗

この講演は、かなり長い。初めに七月二〇日事件の概要を叙述している。この事件を語る言葉としてもよくまとまっている。そしてすぐに、この事件をどのように評価するかというときの急所を述べる。暗殺計画に参与したとして逮捕された者は五千名に達し、その多くの者が処刑されるという大事件であった。これらの人びとは、国家への反逆者として公に裁かれたのである。それはむしろ敵を助けることにさえなったとされた。この判断は、戦後も持ち越された。たとえヒットラーが間違っていたとしても、そこで国家を裏切ってまで、これに対抗してよいかという批判が残ったのである。しかし、ヴァイツゼッカーは言う。当時すでに戦争の帰趨は明らかであった。むしろあの時、もし戦争を終結させることができたら、その後の国内外における無駄な無数の死を避けることができた。そして何よりも、人間として守るべき倫理、おきてがあるのであって、それはヒットラーといえども遵守すべきものであった。それを無視しての国家への忠誠はあり得ない。もし国家の指導者が自分の国民のためにも人間としてなすべきことを何よりも重んじるということがなかったならば、国家に対する忠誠は消える。むしろ指導者に対抗してでも、人間として守るべき倫理・おきてを守ることこそ、われわれの果たすべき良心の義務であろう。このような趣旨のことを断言するのである。

もうひとつ問題があった。この暗殺未遂の行為は、当時既にナチが宣伝したように、ドイツ国内のごく少数の者によるだけであって、広範囲の支持を得ていたとは言えないという判断が今でもあるのである。それは連合国内にもあった判断である。それに対して、ヴァイツゼッカーは、戦争中の反ナチの動きを、政界・教会・学界その他各領域にわって考察してみせている。そして、その考察に先立って、その観察の結果を先取りしてこう言う。ヒットラーへの反逆が、いずれかの組織によって企てられたことはない。それは常に個人の判断であった。こうせずにはおれないという判断に達したときのやむを得ない決断であった。教会といえども、組織としては、確かにせいぜい消極的・受動的抵抗に留まったが、その中で、ひとりひとりが自分の決断で抵抗に踏み切った。ダハウの強制収容所内だけでも、処刑されたカトリックの聖職者の数は八百名に達し、プロテスタントの牧師四百名も殺されている。こうした個人の良心に基づく生命をかけての決断があったのである。そして、このような何ものにも強制されず、ただ自らの良心に従って行動する個人、何よりも、そこに力点を置くところにヴァイツゼッカー自身の生き方、考え方がよく表れているとも言えるのである。

こうした叙述の中でヴァイツゼッカーが重視して引用する文書がある。プロテスタント教会の中に、反ナチの戦いのために教派の相違を越えて一致団結した告白教会と呼ばれる教会集団が生まれた。その暫定的指導部が一九三六年五月一八日に発表した覚書がある。これはよく知られたものであるが、その一部を引用するのである。「ここで、民族の血が、民族が、国民性が、名誉なるものが、永遠の価値を持つことを求めるならば、福音主義の信仰に生きるキリスト者は、〈まことの唯一の神のみを神とすべきであるという〉十戒の第一の戒めに従うが故に、そのような価値判断を拒否する。アーリア系の人間だけが栄光化されるのであれば、神の言葉は、それに対して、すべての人間が罪人であることを証言する。キリスト者がナチの世界観の枠内で反ユダヤ的行為を強制されるならば、それに対立するものとして、隣人愛がキリスト者に与えられているのである」。ヴァイツゼッカーは、このような告白教会の決断の背後には、宗教改革者以来の信仰の伝統に根ざす判断があると考える。イエス＝キリストが強調した神への愛と隣人への愛という愛の律法は、ナチのおきてに遙かに優先すると言うのである。これは、誰もが知っているような基本的なキリストの教えである。しかし、これもまた誰もが知っているように、この愛の原則にいのちを賭けてでも誠実であろうとすることは容易なことではない。ヴァイツゼッカーの言う〈良心〉とは、まさにそのようなところで真価を発揮するものなのである。

ボンヘッファーに学ぶ

講演の中でヴァイツゼッカーが高く評価しながら、その名を挙げているナチに対する抵抗の戦士たちの名は、かなりの数に上るが、なかでも際立つのが、プロテスタントの神学者ディートリヒ＝ボンヘッファーである（村上、前掲書参照）。これほど積極的に政府転覆計画に関わった神学者はいない。まことに自由な決断からこれに参与した人である。ヴァイツゼッカーはそのように述べてこの人を高く評価しているが、実は、講演の最後もまた、この神学者に依存して、その言葉を借りて結びとしている。少々長くなるがその部分を引用してみよう。内容のある文章である。

> すべてのことを考え尽くしての末でありました。その上でなお、〔ナチへの〕反逆者たちは、乾坤一擲の冒険を試みたのであります。一切の熟慮にまさって重要なのは、生命を賭してひとつのしるしを立てることであります。この人びとは、もはや運命論的な観察に留まって、不義と不運とをとことん味わわせられるに至るようなことを欲しませんでした。加えられる新しい日々を、ますます罪を免れた生活をすべきことが求められていると知りました。人間の実質がどんどん破壊されていくのを食い止めることこそなすべきことでした。かくして何人かの人びとが、まことに多くの人びとが体験させられている悪と戦うべくいのちを賭けたのです。既に、ディートリヒ＝ボンヘッファーは、一九四二年に、責任ある生活についての断片的な文章のなかに、こうした国家反逆者たちの行為のしるしとなるべき尺度を、次のように挙げております。
>
> この人びとは、待ち続けたり、分析ばかりしていたり、夢見たりすることを捨てて、真剣・

誠実に現実に立ち向かった。

この人びとは自由に決断した。この恐ろしい宿命がその必然の道を辿るのは、いったいなぜかと考えたり、それを賢くわきまえるというようなことではなく、自ら行動して、その結果を身に引き受けたのである。

その行動は他者の代理であった。同じ行動をとる資格がある人びとの代わりに、それをしてあげたのである。

そのようにして、自分の罪責を負うたのである。自分もまた巻き込まれていた過去における怠慢の罪責を引き受けたのである。しかし、自分のしたことを自分で正当化しようとはしなかった。

国家に反逆した人びとは、自分の良心と神に対する責任から行動したのであります。実にさまざまな出身地から集まりました。社会的階層も違うし、育った伝統も違います。政治的な立場には、深い対立もありました。しかし、それらのいずれも、人間性について自分たちが共通に抱いている確信と、それが今生命を脅かされているということに比べれば、ささいなことであることを認識しておりました。

これらの人びとは、洞察力を持っていました。苦しんでいる人間を認識することができました。だからこそ、変革への意志を抱き、行動への力を得たのです。意識的に、責任を持って生きようとする姿勢があったからこそ、自分の命を賭ける覚悟ができていたのです。

　これらの人びとの生き方と愛とは、その死を越えて語りかけています。それは、ボンヘッファーが言っておりますように、『毎日を、それが最後の日であると思いつつ生きること、しかし、大いなる将来を信じ、その将来に対する責任を持って生きること』であります。これこそ、今日に生きる私ども、高齢の者にも、若者にとっても模範とすべきことなのであります。

言うまでもないことであるが、ここで問われている隠された主題は〈死〉である。〈愛〉が問われるところ、必ず死が問われる。いかに生きるかは、いかに死ぬかという問いと重なる。この日が最後の日とすることは、死を覚悟すること、しかし、それは死を越える永遠の世界、聖書が、これこそ永遠なるものと言った愛の希望に生きることでもある。その時、責任ある良心的な生き方が生まれる。ヴァイツゼッカー自身の良心の姿勢が、ここでも語られているのである。

第五節　人間のための政治

政党政治家となる

リヒャルト＝フォン＝ヴァイツゼッカーが、なぜ政治家になったか。兄カール＝フリードリヒは、弟が幼かったときに、既に、やがて国会で雄弁を振るうであろうと予言したと言われる。そのような才能を示したのであろう。しかし、自分にもその意識が早くからあったのであろうか。大学で学んでいるときにも、将来の道として、官僚になったり、弁護士になったりすることは考えていなかったらしい。政党政治家の道しかないと思い定めていたらしい節がある。父の弁護も終え、ゲッティンゲンに帰って学業を終えて後、何年かを実業界で過ごしたが、それもまた自立的な政治家になるために財的基盤を作るためであったと推測されている。そしてまだ財界にあったとき、一九五三年にCDUに入党した。なぜCDUを選んだのか。周囲の人びとは、むしろ友人の多いFDPや、SPDを選ぶと思っていたらしい。実際にわれわれ日本人の感覚からしても、理想主義的なヒューマニストであるヴァイツゼッカーがCDUに入党するとは、という思いもないわけではないであろう。まして、尊敬する兄カール＝フリードリヒは、SPDを支持していたのである。それなのに、後にその兄とも争わなければならない状況に立ちながらも、なぜ政治的立場を等しくしなかったのか。ヴァイツゼッカーは、なぜSPDを選ばなかったかという問いに答えて、ＳＰＤには伝統があるからと答えている。これは興味深い答えである。ＳＰＤは既に戦前から存在する社会主義政党である。一九五九年にゴーデスベルク綱領を採択して初めてマルクス主義の教義から自由になったと言われる。それに対して、ＣＤＵは、戦後に生まれたのである。その中での思想と行動の自由の幅は遙かに大きいと判断したのであろう。それは社会主義政党に対する冷静な批判的判断を含むものである。もっともＣＤＵ内においても、初めから魚が水を得たようなわけにはいかなかったようである。長く、理論ばかり述べて政治的実績を挙げることができない政治家という批判を招いたようである。ただし、そのような批判はベルリン市長時代に見せた手腕で一掃されたという。

ヴァイツゼッカーをひきたてたのは、早くから政治家としての力量を見せていたヘルムート＝コールである。一九六六年には、コールの推薦で党の中央委員となっている。いささかの紆余曲折を経て国会に登場したのは、六九年である。国会での論客ぶりは相当のものである。その論集のなかに、国会での演説も含まれているが、ＣＤＵが野党であった時代のＳＰＤ批判、カント哲学を愛したと言われるヘルムート＝シュミットとのカント理解をめぐる討論など、日本の国会ではあまり聞くこともないような高度の内容のものになっている。おそらくドイツといえども、どの代議士もが、こうして思想的討論に秀でていたわけではないであろう。ヴァイツゼッカーが、とくにこの面でその才能を発揮したのである。

政治は何のために

なかでもひとつの大きな貢献は、一九七四年から七七年にかけて、CDUの綱領制定委員会議長として、その綱領制定に貢献したことである。それは、思想家としての資質を十分に発揮するまたとない機会になったのである。七七年には、ベルリンのコングレス・ハレという大きな会議場で、この基本綱領制定のための三日にわたるCDU大会が開かれた。この時、リヒャルト＝フォン＝ヴァイツゼッカーは、その会議の冒頭で基調演説をしている。これは、政治家ヴァイツゼッカーが、戦争体験を背後にしながら、ドイツ政治に何を求めたかをよく示すものである。かなり長い演説であるので、その詳細を紹介し検討することはできないが、その本領が発揮されているところだけを取り出してみよう。

基本綱領をめぐって党内になお論争があることを認める。そこでなぜ政党に綱領が必要かと改めて問う。ドイツ共和国連邦が国家として行動力を持ち続けるためには、諸政党がその相違を越えて一致している現実的な政策があればよいということではすまない。そうした現実的・実際的な政策も、結局は、何に価値を置き、目的とするかを集中的に明らかにしておかないと、決断能力を欠くことになる。どうしても原則的な方向づけをしておかなければならないのである。しかもそれは、イデオロギー的に政治プログラムを固定することではない。もちろん、そこで基本的価値とは何かを論じるとき、その基本的価値をひとつの政党が独占するなどということも考えられない。大切なのは、政党が、基本的価値に束縛されて行動することである。この基本的な価値の理解において、その政党は明確な、一貫した姿勢を保つべきなのである。

そして、こういう言葉を語っている。「基本的価値を決定する最も大切な尺度は、人間理解である」。ＳＰＤは、ゴーデスベルク綱領において、人間をどう理解するかは、個人によってそれぞれ異なる世界観の領域のことであるとして論じなかった。しかし、人間理解を中立化させることが政治の世界で可能だとは思えない。「政治的行動の目的は人間そのものなのである。どのような政治も、意識するにせよ、しないにせよ、一定の人間像に対応するのである。われわれすべては自由を求める。だがどのようにして自由を得るのか。いかなる自由であるのか。何からの自由であるのか。何に向かっての自由であるのか。そこでだれがどのような役割をになうのか」。そのような問いを重ねて、そこでの国家の役割は何かを問う。「自由とは、人間にとって、自分の倫理的な決断によって自由な生活を営むということである。そのような自由の保証こそ、国家の使命である。この自由実現のための物質的条件が整うように国家は努力する。しかし、それはただ自由実現の前提でしかないのである」。そして私の理解するかぎり、この点で保守政党といえども、それなりの社会政策を実施しなければならないことを認めるのである。そうとすれば、ＳＰＤに代表される社会主義政党とＣＤＵの違いはどこにあるのか。

政治の基本原則

ここでわれわれの考察を、もうひとつの講演に移したほうがよいかもしれない。基本綱領制定の前年一九七四年に、ＣＤＵ内のプロテスタント・グループが全国例会を開いている。そこで、ヴァイツゼッカーがした講演がある。「キリスト教と政党政治」という題のものであって、ここに全文を紹介し、その詳細な検討をすることができればと願うほどに、これは興味深い講演である。当然、なぜCDUが、キリスト教政党であることを明示するかという問題になるのであるが、その講演に付したまえがきに、ヴァイツゼッカー自身がこう書いている。「この講演は、キリスト教と政党政治の関係を批判的に論じることを内容としている。そしてそこから生まれるテーゼは、今日の選択は、社会主義か資本主義かではなくて、人間を集合的に理解するか、自由で責任を持つ個的人間と理解するかである」。基本綱領の中心問題もそこにあると見ているようなのである。そして、言うまでもなく、これはわれわれ日本人にとっても重要な問い掛けである。ヴァイツゼッカーは、この主題は、CDUそのものに対する挑戦的な問い掛けであると理解しているのである。それはキリスト者政治家としての自分自身の課題をここに見るということであろう。

CDUほどに、その政党名に高度の要求を掲げている党はない。そこで掲げる要求と現実の裂け目がこれほどにあらわな政党はない。当然この党名に躓《つまず》き、批判がなされる。そこでいきなり、あのマタイによる福音書第五章から第七章までが伝える、キリストの教え、いわゆる〈山上の説教〉に言及する。現代の大きな問題が解決されるのは、われわれ人間が、個人的にも政治的にも山上の説教の教えに従って行動することができるようになった時であろう。そう言って、当時の首相のSPDのヘルムート＝シュミットが、SPDこそ、山上の説教の教えに近いと言ったことに疑問を呈している。こういう発言を聞くと、政治の現実を知る者は、このようなことが言えるかといぶかる人もあるに違いない。ヴァイツゼッカーも、そのことはよく知っている。だから、カトリック作家ゲルトルート＝フォン＝ル＝フォールの言葉を引用する。「正義は、ただ地獄にしか存在しない。行動する愛は、天にあってわれわれを待つ。地にあるのは苦悩のみ」というのである。たしかに安易な道はない。しかし、キリストは、この地上に来たのである。キリストは、これが真理だと何かの教えを与えたのではなく、自分こそが真理だと言われたのである。それは絶対的な法としてではなく、具体的な行動、行動する愛そのものを意味した。ただ悔い改めを求めたのではない。道徳的に断罪したのでもない。キリストの福音の中核は、人間に対する約束にある。そこで、東ドイツで育ち、のち西に移ってテュービンゲン大学教授となり、現在最も優れた神学者のひとりとして評価されるエーバハルト＝ユンゲルの言葉が引用される。「キリスト教的政治プログラムがあるわけではない。しかし、キリストにおいて人間に益する決断がくだされた」のである。キリスト教的政治プログラムがあるわけではない。しかし、キリストにおいて人間に益する決断がくだされた」のである。この人間を中心に置いてこそ政治はなされるべきなのである。

人間はその願うところを実現しようとするものである。そこで自分の力に限界があること、その限界の彼方に超越的現実があることを体験として知っている。キリスト教的理解によれば、この神が、人間の生に意味と存在を与える根拠である。この神を知ることが人間に自由を与える。この世界にも究極的意味があることを教える。神認識が人間に道徳的決断を義務づける。ここに最もよい知識（Wissen）と、最も優れた良心（Gewissen）とに従う人間の行動が生まれる。「この責任ある自由において、人間は自己自身と自分の世界とを形成するのであります。信仰と自由において、その義務を負うのであります」。もちろん、自分と共に生きる他者もまた自由に生きる。他者の自由は、私自身の自由の制限である。それのみならず、その条件でもあるのである。

ここで考えられている人間は、ひとり立つ人間である。自己の自由と責任において神と世界とに相対している人間である。SPDには、このような人間理解が欠けているというのである。人間が集合的に捕らえられている。しかし、人間とはもともと他の誰とも交換することができない、ただ一回限り存在するものである。神が親しく声をかけ召し出す存在である。そのことによって人間は人格的存在となる。その尊厳は犯すべからざるものである。それはその人の人生が成功しているか失敗しているかに関係ない。他人の判断によらない。この認識が、政治における価値と目的を定めるとき、具体的に保たれ続けなければならないのである。どうしてもここで一言したいが、この〈ひとり立つ人間〉の思想が、過去における、特にあの大戦中の人間の行動を語るときにも、最も重んじられた視点であることは、忘れてはならないであろう。

なぜCDUか

この視点から、ヴァイツゼッカーの考察は、社会主義と資本主義の体制の考察に移る。それは資本主義体制そのものの変革を求める提言ともなっている。そのためには、社会主義の発言をも聞き、またその批判をも伴うものである。しかし、今は、その詳細な点に踏み込むことはできない。僅かな点に言及するに留めたい。たとえばそこで新しく問われるのは、人間理解の歴史的次元である。しかもそれは、変革の可能性を生み出すような歴史理解でなければならないのである。「いかなる歴史も持たない人間は、将来をも持ちません。しかし、将来は、それだけで自分のものとはなりません」。将来は過去から生じる。しかし、直線的にではない。それが既に時代の変化に伴う新しい挑戦的課題となる。そこでこそSPDかCDUかが問われる。CDUの方が、まさにこの点で若いのである。SPDの方が過去からの自由を得ない「古い政党」なのである。この講演の結びの言葉も、CDUの党名についての議論に戻りながら、この政党の若さについて語って終わっている。

われわれのこの社会にとって、このときなすべきあれかこれかの選択は、社会主義か資本主義かではありません。集合的な人間か、自由な人間かの選択であります。われわれが思いますのに、ここで提起されている課題を解決できるのは、社会主義でも資本主義でもありません。資本主義は、そのような解決を全く生み出すことはできません。資本主義とは、政治的秩序に従属すべきものなのです。社会主義は、これまで成果を挙げてきました。古い諸関係の変革に功績を挙げ、今もその恩恵をこうむっています。しかし、新しい関係が新しい問題を生み出すという点でも決定的な役割を果たしたのです。社会主義は、この新しい問題を解く政治的力にはなっていません。ここにキリスト教民主同盟に対する挑戦的な問いかけがあるのです。

こうしてもう一度最後にわれわれの政党の名前のところに戻るのです。今なおこの政党が無名であったとして、今でもこの名を選ぶであろうか。そのような問いがわれわれの問いではありません。既にこの名を持っているのですし、それがわれわれにいかなる義務を課するかを問わなければなりません。

人間が過ちを犯し、罪責を負うことを、われわれは誠実に見抜いていなければなりません。われわれは、問題解決よりもカタストローフに近いということが、あまりにも多いのです。キリスト教的理解に従えば、しかし、われわれは問題解決ができるはずです。人間は、自分の力で、最後的な決定的な疎外を克服はできません。神から離れ、自分自身から離れてしまう疎外を克服することはできないのです。

しかし、われわれは、自分の生活と世界に対して責任があるのです。われわれは、さまざまな関係を変革不能のものとは考えません。将来のために身を挺して働けば報われるのだとの確信があるから、われわれは行動するのです。陶酔しないこころこそ、われわれの政治への情熱に人間的な尺度を与えるのです。信仰は、人間に心を向ける希望の心を与えてくれるのです。

このような地平において考え、行動することに成功すればするほど、われわれの党名についての疑いは消えるでしょう。われわれが過去に埋没することが少なく、今このときの問いかけに、より具体的に立ち向かうならば、それだけ、この党名は重みを増すであろうと思います。そのためにこそ、われわれは、この若い党は、義務を負っているのであります。

ベルリン市長として

こうして、自分のよって立つ政党の思想的な基礎づけを成し遂げた思想家、哲学者として登場したリヒャルトは、やがて確実に政治的な活動の幅を広

ベルリン市長時代

げていく。まず、自ら立てた理論の実践者とならざるを得なかったのである。

　この頃、ヴァイツゼッカーは、国会議員であるよりも、何よりも有効な仕方で、ドイツ全体において知名の人となっていた。後に詳述するように、ドイツ全体から多くの人が集まる、隔年で開催されたプロテスタント信徒大会議長としての成功による。この大会は、教会に熱心に通うようなキリスト者グループの枠を越えて大衆的な運動として、ドイツ社会の民主化に大きな貢献をしていたのである。

　そこで、キリスト者として、またすぐれた識見を持った人格者として、リヒャルト＝フォン＝ヴァイツゼッカーの人と思想は、多くの人の心に刻まれるものとなっていた。しかし、政党政治家としては、この大会議長の職務が少々の障害でもあったことは否定できない。一九七〇年、その職を辞したヴァイツゼッカーは、更に自由に政治家としての歩みを始めた。一九七二年、当時は野党であったCDUとCSUの、いわゆる〈影の内閣〉に入閣している。同年の総選挙で敗北した後、CDU議員団の議長団のひとりとなった。いわば議員集団の指導者のひとりとなったのである。七三年には、その中でも、カール＝カルステンスに次ぐ第二の地位に就いている。当時は、SPDとFDPの連立内閣の手で、東欧諸国との融和政策が進められていたときであるが、ヴァイツゼッカー自身も東西の関係を平和なものにするために特に心を注いでいる。そして一九七九年、国会副議長になった。カルステンスが大統領になった年である。もっともドイツの国会の副議長は四名である。そのひとりとなったのである。

しかし、政治家としての実質的な評価が与えられたのは、国会副議長としてではない。この頃既に、ヴァイツゼッカーは、ベルリンの政治に関わり始めていた。西ベルリンは、ドイツ連邦共和国に属さず、依然として英国、米国、フランスの三国の管理のもとで、特別市政を行っていた。しかも、一九四七年以来、常にSPDが選挙においては圧勝してきた。ところが、この頃、SPD支配に陰りが見えてきていた。経済状況もよくなかったのである。そこでCDUは、一挙にSPD支配体制を覆そうと、有力な市長候補としてリヒャルト＝フォン＝ヴァイツゼッカーを先頭に立てて選挙に勝とうとした。そのためにベルリンに入って選挙に出たが、最初の挑戦であった一九七九年には、やはりSPDに敗北した。しかし、諦めずに再挑戦した一九八一年の選挙において遂にCDUは、絶対過半数には達しなかったが、西ベルリン史上初めて第一党となった。そしてリヒャルト＝フォン＝ヴァイツゼッカーは、CDU最初のベルリン市長となったのである。

成功した市政

この新市長に対する周囲の関心は深かった。観察し、評価し、意見を述べるばかりであった者が、自ら実践者となったと言うのである。ヴァイツゼッカー自身、困難な状況にあり、耐えざる緊張関係にある特別な都市において、かえって自分の理想とする自由な民主的社会を形成する実験をすることができると、かなりの抱負を抱いて選挙に臨んでいたので

東ベルリンでホーネッカーとの会談（1983）

ある。

ベルリンには、政治的には少々ラディカル過ぎる政治活動をし続けていた学生たちがいた。不法に建物を占拠して、共同生活を営み、〈コンミューン〉と称していた。そうした法規無視の態度を見過ごすことはなかったが、しかし、若者と話し合い、妥協の道を見出だそうとした。そのようなところで、野党SPDの協力を求めるのにやぶさかではなかったので、超党派的に支持者を得ていった。もともとCDUは、ヴァイツゼッカーの自由主義者らしい進歩的な側面がベルリンの状況にふさわしいと判断したのであろうが、それは当たっていたのである。今日の全ドイツを覆う問題となっている外国人労働者の問題も、ベルリンでは既に深刻な問題であった。ここでもヴァイツゼッカーが穏健な道を模索したのは当然である。市政の改善も緊急の課題であった。それらの問題とひとつひとつ根気よく取り組み、それだけで市を支配していた緊張感が和らいだと言われる。

ヴァイツゼッカーは、ベルリン問題を広い視野で見ていた。そのような姿勢を表す言葉を語っている。「ドイツの政治、東方政策、ヨーロッパの政治に携わる者が、何度でもぶつかる急所にあること、それは、ベルリンこそが、決定的な位置を占めているということである」。

特にベルリン市長としてのヴァイツゼッカーの名を高めたのは、西ドイツ、連合軍の同意を得たうえで、西ベルリン市長として初めて東ベルリンを訪ね、ホーネッカー書記長と会談していることである。なかでも次の対話は、よく知られるものである。ホーネッカーが、「ドイツ再統一などについて何を語る必要がありましょう、われわれは、再統一の日が来ることなどあり得ないことを承知しているのではありませんか」と言ったとき、ヴァイツゼッカーが、こう答えたというのである。「歴史においては、中央ヨーロッパの構造については、いつも新しい答えが与えられてきたのではありませんか。……もちろん、ドイツ分割は、両方の強大国によって固定化されてしまっています。しかし、しかし、そこから結論を導き出し、歴史の将来について何の幻想をも不必要だなどとすることは、その人がそこで何を望んでいるかはともかくとして、全く単純に非歴史的なことと私は思います」。この言葉に、ホーネッカーもまた同意せずにおれなかったと言うのである。ヴァイツゼッカーの面目が躍如としているし、今日、この言葉を改めて読むと、新しい感慨を催す人も多いであろう。しかし、この会談が行われた一九八三年秋、既にリヒャルト＝フォン＝ヴァイツゼッカーを次期大統領候補としようとする動きが起こっており、翌八四年、大統領となるのである。このCDUの判断にも、ベルリン市長としての成功を評価してという面があったことは確かである。

第四章　橋を渡すために

第一節　新しいヨーロッパ

ひとりの思索する大統領が、どのようにその歩みを作ってきたか、僅かにその足跡を辿りながら、かなり早くから、その思想の根幹が形成されてきたことを見た。そこで今、その思想がどのような広がりと深さを持って展開されていくかを、もう少し別の視点から考察してみよう。

橋を架ける思想

一九九〇年一〇月三日、ドイツ統合の日の大統領演説を掲載した朝日新聞は、その第一面の大見出しを「東西欧州の『懸け橋』に」とした。それは、演説の趣旨をよく伝えるものであるし、大統領の胸中にあった祈りをよく言い当てている。この言葉は、大統領の演説のなかにある言葉である。ヴァイツゼッカーは、その演説の初めに近い部分で、もはやヨーロッパでは国境紛争の意味がなくなったと断言する。それはただ武力によって国境問題を解決する可能性を失い、断念せざるを得なくなったということに留まらず、むしろ、国境というものが持つ意味が変わったと見ているのである。

国境をめぐる争いは、もはやいかなる意味をも失ってしまいました。それだけ、国境から、お互いを隔てるという意味を取り去ってしまおうという願いが強いのであります。ドイツの国境のすべてが、隣人への橋となるべきであります。それがわれわれの欲するところであります。

この見出し、そしてヴァイツゼッカー自身の言葉が私に思い起こさせたのは、現在の時点で私が所有している最も新しいヴァイツゼッカーの著書の表題である。これは、東ベルリンの出版社である国民出版社（Verlag der Nation）が一九九〇年になって刊行したものである。言うまでもなく、それが、旧東ドイツの出版社によって刊行されたことにも、意味が深いものがある。〈五月八日の演説〉を含む、これまでの諸講演・演説が収められている。その表題が、『相互理解のために橋を架けよう』（*Brücken zur Verständigung*）というのである。そしてこの著書には、ヴァイツゼッカー自身のかなり長い序文がついている。一九八九年一一月二一日という日付である。ブランデンブルク門解放の前日である。しかし、そうした日々の慌ただしさを感じさせない静かな筆致である。それは、ヨーロッパの歴史の回顧から始まる。特に第二次大戦後のヨーロッパがいかに無力になり、分裂し、ヨーロッパの外にある力に振り回されるようになったか、という観察でもある。そのようなヨーロッパの新しい現実をもっとも具体的に現したのが、東西分裂国家としてのドイツであった。そのようにして古いヨーロッパの歴史が終わっていたのである。「古いヨーロッパの歴史の終焉、それはその名を持っていた。すなわちヤルタ」。

しかしほぼ半世紀が過ぎて廃墟から新しい世界が生まれている。アメリカは唯一の大国とは言えなくなり、ソ連が軍事力で肩を並べ、経済力では、日本とECの台頭が著しい。しかも、不変と見えたソ連体制が想像もできなかったほどに揺らぎ、ヨーロッパが自分の力で、そのアイデンティティを確保する新しい道が開けている。ヤルタに集まった権力者たちが予想だにできなかった新しい道が見えてきている。ヨーロッパ分割の体制は崩れ始めている。東西対決を促したイデオロギーは説得力を失っている。この状況において、ヨーロッパは古い歴史に戻り、結局は、世界大戦を引き起こした各国の力の争いだけしか残らないと見るのか。もちろん、ヴァイツゼッカーは新しいヨーロッパの構造が生まれつつあると見る。困難な危機を前途に予感しながら、むしろ、これをチャンスと見ている。このようなチャンスは、戦争直後には、まだ誰にも全く予測できなかったものである。

新しいヨーロッパ

自然破壊、世界の人口の増加、食料不足、エネルギー供給とそれにからむ地球温暖化、軍事技術の限度を越える進歩、倫理的なコントロールが困難かと思われるほどの生命科学の急速な進展、宗教的な確かさを絶望的に求める狂信、ヴァイツゼッカーは、これらの諸問題を数えながら、昔ながらのイデオロギーと国家主義で、このような困難な問題を解決できるかと問うている。国境は、かつての重さを持たず、国境紛争に明け暮れるほど愚かなことはない。いかなる国境といえども、厳密に検討すれば、どこか「不当な」ものである。しかし、今は国境を越えて人類の問題解決にあたらなければならない。そのような精神によってこそ、ヨーロッパが忘れられかけていたかのように思われるその名と結合を新しく意識して取り戻されなければばならない。

今は日々ヨーロッパが拡大されているのである。われわれは、再び、ブダペストからヴィーンへ、ワルシャワからパリへ、ライプツィヒからシュトゥットガルトへ、レニングラードからハンブルクへと自由に旅することができるようになった。……民主主義的革命の理念の力と物質的な世界でのわれわれの力量とが、ヨーロッパに新しくいのちを与えている。今、ヨーロッパはひとつだと感じ始めている。対立を克服しようとしている。統一を求めている。

ここにヴァイツゼッカーは、困難であるが、特にヨーロッパ的な課題があると見ている。対立の中での統一ヨーロッパの追求である。そして、この新しいヨーロッパへの道を開く手懸かりとなったのは、何よりも、あのヘルシンキ宣言を発表した一九七五年夏の全欧州安全協力会議（CSCE、〔独〕KSZE）であったと言う。それが全ヨーロッパ協力の最初であったとは言わないが、諸国民の連帯を力付けるもっとも大きな働きをしたのだと評価するのである。私が、一九七五年以後に東ドイツ及び東欧諸国を訪ねる旅行をしたときにも、どこの国でも、「ヘルシンキ宣言以後」という言葉を聞いた。ヘルシンキ宣言以来、東の国々で人権と平和と民主主義のために戦う人びとに希望の光が見えてきていたのである。それは、愚かにも東洋の日本人には縁遠いと思われるほどの明るさであった。既にその頃、心ある人びとは、このヘルシンキ宣言にこそ、新しいヨーロッパの将来を示す芽が芽生えていたと感じ取っていた。宣言について語る人びとの明るい希望を宿した口調を、何か不思議なものであるかのように感じながら聞いていた私自身の迂闊さを忘れることはできないのである。
それはまず人の往来をもっと自由にしようという動きになって現れ、また人権意識を鋭敏にさせる働きをした。今にして思えば、ヘルシンキ宣言は、かつての人権宣言にも似た影響力を持ったのであり、東欧民主化のきっかけとなったとさえ言えるのではないかと思う。それは、鋭い感覚をもって将来を予見する人びとにとっては、既に東西関係の雪解けにとっても、社会主義国の体制を批判的に変革するためにも、決定的な意味を持つものであった。そして、事実、そこから着実に関係緩和の努力が積み重ねられてきたのであるし、また変革のひとつの直接のきっかけとなった、東から西へと移動したうねりのような人の流れもまた、この宣言によって促されたものと言えるのである。

そして、遂に一九八九年にドイツにおいて扉が開かれた。少なくとも今世紀末までは閉じられたままだと思っていた東西を隔てる扉が開かれた。普遍的な人権が遂に広く認められるようになってきた。こころと技術の両面における交流が深まり始めている。人間は不安を捨て、平和的な手段を通じて、ひとりひとりの人間の権利と尊厳のために戦い始めている。

〔東ドイツの民主化デモにおいて〕警官の足もとに置かれ、国家保安警察の扉の前に置かれた蠟燭は、ヨーロッパの歴史に加えられた新しい一章の象徴である。そのようにして諸国民が自由を克ち取ったのである。その自由を今こそ責任をもって行使しなければならない。
ヤルタ体制はこうして完全に終わったのである。新しいヨーロッパ、それはどのようなものでなければならないか、すでにここで、統一の日の演説で語ったのと同じ、ヨーロッパの中での新生ドイツの歩みについての、自分の意見がなお詳細に語られる。それは、しかし、言ってみれば、ヘルシンキ宣言がすでに明らかにしている道をさらに具体的に歩み続けることである。そう理解している。従って、この序言も結局は、ヘルシンキ宣言のいわゆる〈三つのバスケット〉の内容を再述することに力を注いでいるのである。

ドイツ統一後間もなく全欧州安全協力会議は、パリで会合を開き、改めてパリ宣言を発表した。ヴァイツゼッカーが望んだとおりの展開になってきているのである。統一ドイツも喜んで、これに参与する。ドイツ統一があってこそのパリ宣言である。それは、新しいドイツが孤独・独善の道を現在も将来も選ばないということである。ドイツが新しいヨーロッパ形成にブレーキをかけるどころか、その原動力にならなければならないのである。

いったいこのような連帯、〈橋渡し〉の思想は、どこから来るのであろうか。それはひとつには、ヨーロッパの歴史の洞察によるものであると思う。政治家に不可欠なのは、歴史感覚である。歴史的必然を見抜く力である。新しいヨーロッパの必然を見抜くことである。そして、もうひとつは、〈共に生きる〉ことを誠実に受け止め、それを生きる姿勢である。

第二節　愛は政治的秩序の尺度となり得るか

一九九〇年、ベルリンのある友人の家に滞在していたとき、その蔵書のなかに、最近出たばかりのドイツの牧師の書いた『山上の説教』という書物があった。イエスが山の上で説いた教え、古風に言えば〈山上の垂訓〉と呼ばれる教えについての研究書である。私の目をひいたのは、その表紙にヴァイツゼッカーが国会で〈あの演説〉をしている写真が載っていたことであった。しかし、内容を一瞥したところヴァイツゼッカーの文章を引用しているわけではない。その所論を批判検討しているのでもないらしい。つまり説明抜きで、山上の説教を現代において生きている代表的な人物として、この現職大統領を挙げ、その姿を表紙に掲げているようなのである。これは私には異色のことであるように思われた。

山上の説教と政治

先に挙げた宮田光雄『平和のハトとリヴァイアサン』は、その第五論文に「福音と平和」と題して、まさにこの山上の説教の倫理が、現代の政治的社会的状況においてどのような意味を持つかを論じている。それは、現代ドイツにおいて、そのような具体的な山上の説教の理解と解釈をめぐって議論が重ねられていることに触発されてのことなのである。特に一九八一年は、〈山上の説教の年〉と呼び得るほどに論議が活発になった。時の大統領カルステンスも首相シュミットも、それぞれに見解を述べている。

更にまた、一九八九年秋に東ドイツで民主化の波が、大きなうねりとなっていったとき、山上の説教が大きな役割を果たした。一九九〇年、東ベルリンのキリスト教出版社、福音主義出版社(Evangelischer Verlagsanstalt)は、この一連の諸集会、デモ行進などの活動の大きな写真記録集を刊行したが、その表題は、『いかなる暴力をも捨てて(*Keine Gewalt*)』であった。あるいはまた、これはその参加者から直接聞いた話であるが、一九八九年一〇月、東ベルリンのある教会で、北京で起こった天安門事件に抗議し、祈る集会が行われた。その時、教会堂の入口に投石用の石つぶてが山と積まれ、参加者は、ひとりひとりその石を取って祭壇のところに持っていくことを求められた。そのようにして、その教会の牧師は、石が象徴する暴力を、まず捨てることを要求したのである。そしてそれに代わって集会の最後には、祭壇のところから、それぞれに火のともった蠟燭を持ち帰り、それを教会堂の玄関前の石段に置いた。非暴力のしるしとしてであった。この非暴力による抵抗は、ひとつには、マルティン＝ルーサー＝キング牧師の抵抗運動に学んだとも言われる。そしてこのキング牧師もまた、黒人の市民権のために戦いながら、「敵を愛せよ」という、山上の説教のイエス＝キリストの教えの実践をひたすら説いた人なのである。東ドイツの変革において、この山上の説教の倫理を実践しようという、ほとんど情熱的といってもよいほどの願いがあったことは確かである。そして西にあっては、大統領ヴァイツゼッカーが、そのことを真剣に問い続けているのである。

これらの動きに先立つ一九八〇年にヴァイツゼッカーは、注目すべき講演を行っている。その年の六月七日に、ベルリンで開催されたカトリック信徒大会での講演である。そして、第一節で紹介した『橋を懸けよう』という書物の最後に掲載されたのが、この講演である。つまり、一〇年前になされた講演が、今なお、その主張の締めくくり、結びをなす言葉として重視されているのである。これが、ドイツ統一後の新しい状況においても聞くべき最後の決定的な言葉とされているようにも思えるのである。

愛と政治

この演説の題が「愛—政治的尺度？」という。もちろん、この疑問符に対して肯定的に答えようとした講演である。

ついでに言えば、ヴァイツゼッカーの大統領就任に先立つ一九八三年に出版された講演集がある。これについては、既に先に言及したが、国会における演説、また討論まで含むもので、まことに興味深いものである。その表題は『ドイツの歴史はなお進展する』というのである（*Die deutsche Geschichte geht weiter.* Wolf Jobst Siedler Verlag, 1983. Neue ungekürzte Ausgabe, Deutscher Taschenbuch Verlag, 1985）。この書物にも、この講演は含まれている。それだけではなくて、その書物の巻頭に編集者が書いたのであろう文章がある。そこに、このように記されているのである。

愛は、政治的尺度たり得るか。これがリヒャルト＝フォン＝ヴァイツゼッカーがこの書物の第一部で取り組んでいる問いのひとつである。それに続く第二部「分裂ヨーロッパにおけるドイツ」、第三部「ベルリン―ベルリンは辺境か中央か」の論述の決定的な論拠が、それによって作られるのである。偽りの情熱に駆られることもなく、仮想敵を作ることもなく、事柄に即して、冷静にフォン＝ヴァイツゼッカーは、政治の根本問題を分析し、まさしく将来において、政治的な考えと道徳的な考えとが、どのようにして結びつけられなければならないかを示してくれるのである。……

理路整然と、しかも同時に挑戦的に彼が述べていること、それは、この分裂状況が、中央ヨーロッパにおける政治的構造を決定する歴史の最後の言葉ではないということである。国家、そしてヨーロッパ大陸の中央に境界線などあってはならないのである。………

この書物に収録した二〇の文章は、内的な統一を形作っている。その特質は、キリスト教的な性格を明確に持つ保守主義である。しかし、保守主義にありがちな、わずらわしいあの偏狭さを持たず、驚くべき自由さを示している。リヒャルト＝フォン＝ヴァイツゼッカーの保持するパースペクティヴは、日常的な政治的出来事を超え出ているのである。

これはヴァイツゼッカーの政治的な思考の特質をよく言い表している。預言者的なパースペクティブを持ち得る保守的な政治家、そのための自由を知る思索家、それは、道徳的な節操を誠実に貫こうとする現実的な思索を心掛ける人であった。そしてその思索を支える中心的な道徳的な価値のひとつが、愛なのである。この人がキリスト者であることの特質がもっともよく表れ出るひとつの場面が、ここなのである。そこで、われわれも、ここで、この愛についての講演の要旨を再現してみたいと思う。

愛と政治の緊張関係

政治家が、自分の政治的実践を自覚しながら、それとの関係で愛を説く。しかも、愛国心とか民族愛というようなことではなくて、イエス＝キリストが語った驚くべき愛の道について語る。現実に実践可能かといぶかるほどの愛について語る。それは、決して容易なことではない。『ドイツの歴史はなお進展する』に掲載されるに際し、ヴァイツゼッカー自身が、この講演に簡単な前書きを付け加えている。

私の活動の中核において私が繰り返し出会ってきたこと、それは福音と政治的秩序の緊張関係である。自分の働きの重点をどこに置くかを定めてきたのは、まさにこの緊張関係によってであったと言ってもよいのである。それは、一方においては、政治家という職務においてである。そして他方においては、私の教会的活動においてである。私は、プロテスタント信徒大会の議長であったし、ドイツ福音主義教会の総会議員であったし、その常議員会の信徒議員でもあった。

一九八〇年六月七日にベルリンで開催された、第八六回ドイツ・カトリック信徒大会において、大集会場で講演したのも、この緊張関係についてであった。この大会は、一九八〇年秋の国会選挙を控えてのものであった。当時、私は国会副議長だったのである。

ヴァイツゼッカーがドイツのキリスト教会とどのように関わったかについては、改めて書く。とにかく政治と教会の双方に深く関わり、その緊張関係を、そこから逃れることなく、自分自身の働きにおいて把握する。そこに生きる。そこで語るのである。政治と信仰とが分離していない、ひとりの信仰ある政治家において、狂信を生むことなく、世俗化されることもなく、しっかりと把握されるのである。

福音は愛の戒めをもたらしました。それに反し、政治的な秩序に不可欠なものは、力の戒めであります。―キリストは、罪人を愛されました。しかし、政治的秩序は、刑法を犯す者を処罰するのです。―愛は、すべてを耐えます。政治的秩序は違います。法の義を貫くのです。―キリストの愛は、いかなる者をも愛します。社会が排斥する者にも向けられます。すべての断絶を超えます。政治的秩序は、共に生きるための世俗的な規則に誰をも強制的に組み込みます。

福音の愛は、何のたくらみもなく、目的もなく、期待も抱かず、他者を受け入れます。愛は、自分自身を他者に与えます。それに反して政治的秩序は、正義を求めます。だれもが、自分に当然帰属すべきものを所有すべきなのです。ただで贈られるものはありません。―政治的秩序において、われわれは、自分の義務を、たとえそれが困難であったとしても、果たすことができます。それに反して愛においては、われわれは、いつも遅れをとっています。愛とはキリストそのものなのです。

それにもかかわらず、ここでの問いは、愛が政治的秩序の尺度たり得るか、というのです。それに対して答えなければならないのです。それが本日のわれわれの課題であります。

そこでヴァイツゼッカーは、直ちにこの点でのカトリックとプロテスタントの相違について触れる。つまり自然法についてである。カトリックの信徒は、自然によって与えられている秩序を重んじ、それによって、あまり苦労しないで、愛の戒めと、世界における生活諸条件とを調和させる。しかし、プロテスタントの者は、そのような自然法理解がないために、キリストの愛と政治的秩序との間に緊張関係を見ることが多く、そこで逃避的になるか、狂信的に、地上に神の国を建設しようとすることになる。ヴァイツゼッカーは、しかし、この両教会の対立を重視しない。そこから議論を始めない。教会の対立自体が、共に信じる主キリストの愛に背くことになるからである。ここに既に、政治家ヴァイツゼッカーの立場をも明確に規定している姿勢が現れる。ヴァイツゼッカーはいつでも極端な対立、対決の姿勢をとらない。むしろ、そのようなラディカルな態度を戒め、しりぞける。それ自体決して容易なことではなかったが、またそれだからこそ多くの人びとの信頼を得てきたのである。

そこで、いきなり本論に入り、神学的にかなり高度な議論を始める。

われわれは、まず聖書に問わなければなりません。キリスト教信仰によるならば、われわれの現実存在は、終末のもの、つまり神の国に依存するのであります。しかし、われわれは、まだその終末に生きているのではなく、終末に先立つところ、つまりまだ救われてはいない世界に生きているのであります。

終末は、それに先立つこの世界にどのように関わるのでしょうか。福音書が説く愛の戒めは、この世の秩序と本当に対立するのでしょうか。山上の説教は、弱いわれわれには実行不能なほどに高度の倫理を内容とするものなのでしょうか。

キリストは、そこで、われわれがその到来をただ望むことしかできず、自分たちの人間としての力では実現できないような神の国を告げておられるのでしょうか。

聖書は、この世の秩序と愛の戒めとの間に緊張関係があることを明らかにしている。しかし、それは、越え難い対立であって、われわれにはどうしようもないと言うのではない。むしろ、この緊張関係がわれわれの日常生活を定めている。使徒パウロは、ローマの信徒への手紙第一三章において「人は皆、上の権威に従うべきです」と教えている。しかし、それは前後の文章で教える愛の戒めとの関連において語られている。「愛は律法を全うする」という言葉に凝縮する教えのなかで語られているのである。「目を覚ましていなさい。信仰に基づいてしっかり立ちなさい。雄々しく強く生きなさい。何事も愛をもって行いなさい」（コリントの信徒への手紙一第一六章一三、一四節）という言葉が示すような終末に生きる心をもって、この世の秩序に生きる。だからこそ国の権威をも重んじる。しかし、もちろんそれは、単なる隷従ではない。「人間に従うよりも、神に従わなくてはなりません」（使徒言行録第五章二九節）と言われる通りなのである。だからこそキリスト者は、現実には国家との関わりでも厳しい戦いを強いられる。

ここで、ヴァイツゼッカーは、そのような戦いに生きたキリスト者の実例を挙げる。たとえば、ナチに抵抗したカトリック、プロテスタントの人びと、そしてドイツ民主共和国、つまり東ドイツに生きた人びとである。東ドイツは社会主義的道徳を体得した人間を育てようとした。階級の敵を憎悪することができる人間を作ろうとしたのである。具体的には軍事教育における敵意、憎悪の心の育成である。キリスト者は、そこでどうしても政治的秩序に対決せざるを得なくなったのである。このヴァイツゼッカーの講演がなされた頃、実際に東ドイツ政府が義務教育における軍事教育を強化し、それに対してキリスト者の青少年たちとその両親の戦いが激化していた。私も、ちょうどその頃、東ドイツを訪ねており、わずか九歳の少女が軍事教育学科をボイコットし、牧師であるその父親が、何度も当局の喚問を受けながら、それを擁護して戦っている姿を見て感動したことがある。ヴァイツゼッカーは、そのような戦いを支援しているのである。

西ドイツ批判

このような国家理解は、しかし、社会主義国家批判だけには終わらない。むしろ西ドイツの国家的状況に対して、より批判的な目を向けることになる。そこでまず取り上げる現在の民主国家ドイツ共和国連邦の問題点はふたつある。

第一点はこうである。国家は、何よりも国民に自由に生きるための生活条件を整えるという課題を持っている。貧困を克服し、よい生活を与えられてこそ、国民は自由に生きられる。そのために西ドイツは、敗戦後長い時を要したが、見事に進歩し、豊かな国を造った。それを認めなければならない。しかし、それはまた人間の心のありように対して、あまりよくない感化をも及ぼした。われわれが共に生きるためには、受けることとともに与えることにも責任があるのだということが曖味になってしまった。政治的自由とは、結局のところ、自分たちの要求を国家に対して並べ立てる自由であると思い込ませることになってしまったのである。そのために、連帯に生きる心が萎えてしまった。隣人の困窮に目を留めることが少なくなった。自分の子供や、身近な病人や孤独な人びとへの思い遣りが失われていった。権利には義務も伴うことが分からなくなってしまった。つまりヴァイツゼッカーが言うのは、豊かさの中で、愛の感覚が麻痺しつつあるということなのである。われわれ日本人からすれば、日本人に比べて遙かに社会的感覚が豊だと思われるドイツ人が、まさにこのように、現在の日本人と同じように病んでいるという言葉を読むのは、胸が痛むことである。

第二点。西ドイツ国家は、世俗化された政治的秩序である。国家は世界観からすれば中立でなければならない。真理追求は国家の仕事ではない。あらゆる意見を寛容に容認することこそ国家の知恵である。そうとすれば、愛についても国家は知るところはないことになる。国家は、カール＝バルトが言っているように「霊的には目が見えない」のである。欲せずとも、そうならざるを得ない。国家は、人生や世界の究極の意味を問う問いに答えるものではないのである。しかし、そうなると、そこでわれわれの課題はもっと先鋭に捕えられることになる。そう言って、ヴァイツゼッカーは、次のように問題を整理する。

1　国家は、国民の福祉のために配慮すると共に、ますます管理を強めている。それと共に国民が自分で責任をもって関わることを要求することが少なくなっている。

2　社会生活は、技術的な、しかも中央集権的なメカニズムによって左右されるようになっており、個人の働く余地が少なくなっている。

3　社会における基準、その目的とするところは、物質的なものに留まり、理念的な性格が乏しい。

4　今日支配的なのは解放の思想である。自己実現がしきりに語られる。いたずらな従属関係、法的不平等からの解放は、もちろん歓迎すべきである。しかし、それは、結局は束縛から自由であればそれでよいということになってしまう。そして欲する欲しないにかかわらず人間の孤立化を招くだけなのである。

5　このような状況にありながら、教会も神学者も遠慮してしまって、これと精神的に戦い、指導力を発揮することをしていない。

6　国家秩序が全体として努力していることは、人間がお互いに寛容であり得るように、その傾向を強め、保とうとすることである。しかし、同時にそれが結局は形式的な規則の体系を作ることだけに汲々とすることになってしまい、内容的な価値を問わない恣意的な態度を生み、精神的な真空状態を作り出すだけのことになっているのである。

ヴァイツゼッカーは、憂いをもってこの状況を語る。何よりもドイツ人は政治的に無関心になってきている。反論もしないし、関わろうともしない。あるいは、国家と関わりのないところで、自分のやり方で要求を満たし、共同生活をも作ろうとする。多くの人びとは夢だけを追うことになる。現実から逃避する者、政治的な強権の回復を夢見る者、憎悪こそ政治的エネルギーだと断じる者などが登場する。そのようなところで、ヴァイツゼッカーは問うのである。いったい政治的秩序とは、そのような無関心や憎悪や激しい抵抗だけを呼び起こすものなのであろうか。政治的秩序のなかに、愛が占める位置はないのであろうか。もちろん、そんなはずはないのである。世界は神から遠ざかり、教会は世界に背を向けているようであるが、外から見たらどのような姿を取っているとしても、「今日のわれわれの世界を真実に動かしている問い、それは、まことに深く宗教的性格を持つものなのであります」。

キリスト者の課題

このような状況がどこに至るのかは分からない。当然、教会に道が通じているとも言えない。宗教的状況は混沌としている。しかし、ひとつ確かなことがある。それは、「われわれキリスト者に、とても大切な課題が与えられているということであります。つまり、われわれの信仰がこの世界とどのように関わっているかを明瞭にし、それを、この具体的状況においてきちんと語るということであります」。ドイツを再びキリスト教国家にしようなどというのは愚かである。キリスト者だけが問題を解決し得るということでもない。しかし、ここにキリスト者の課題があることは明らかである。それにしては教会も神学者も、この点で発言が少なすぎるのではないか。少しずつ積極的な発言が聞かれるようになったと喜びながらも、ヴァイツゼッカーは、なお発言を促している。そこで、ヴァイツゼッカー自身も三つの問題提起を試みるのである。

第一に、キリスト者は、他の人びとよりも賢いわけではなく、またより道徳的というわけでもありません。ただ、キリスト者であるがゆえに、われわれが知っていること、それは、人間は誰でも過ちを犯し、罪を負うものだということであります。人間は罪に墜ち、危険な存在となり、破壊的な働きをさえなし得るのです。われわれは、自分自身に対しても他者に対しても守られなければなりません。義が働いて、秩序を整えてくれることを頼りにせざるを得ないのです。社会的倫理、規則・規範なしで、人間が平和に生きることは不可能です。まさしく平和のためにこそ、共に生きるための諸制度を必要とします。それがないと混沌に身を任せることになってしまうでしょう。

ヴァイツゼッカーは、このように改めて説き始め、そして、この制度のなかで最も重要なのが国家だと言う。唯一絶対の秩序ではない。人間の最後の法廷でもない。しかし、地上のものなるがゆえに、どれだけ不完全であり、暫定的なものであろうと、法を持ち、権力を持ち、法律への服従を求める。そのようにしてこそ政治的自由は可能になる。なかんずく弱者の自由は可能となる。なぜかと言えば、強い者は国家の保護を必要としないからである。このような意味で、理性的な政治的秩序は愛のわざである。われわれは、愛のゆえに国家から身を背けるのではなく、かえって国家に向かうのである。

第二に、国家に身を向けるということは、しかし、国家をあるがままに受け入れるということではありません。われわれは、愛の基準にふさわしい社会的秩序が作られるために踏み込んでいく責任を持ち続けるのであります。

連帯を呼び起こすための社会革新

そこで、すぐにヴァイツゼッカーは、カトリックであろうとプロテスタントであろうと、特にキリスト者のなかで繰り返して論じられる論点について自分の意見を述べる。社会的活動に積極的なキリスト者たちがここで言うことがある。国家に対して積極的に身を向けようとする者は、結局は現状肯定になるのではないか。今日の人間が苦しんでいるのは、むしろ社会的構造のゆえである。そうとすれば愛の戒めの実践は、社会の変革によってこそなされなければならない。あのイエスが語った「あわれみ深いサマリヤ人」（ルカ福音書第一〇章）は、今日社会科学の知識をわきまえた革命家でなければならない。このような、キリスト者のなかに広く見られる見解を、ヴァイツゼッカーは好意的に取り上げつつ、しかし、批判する。そこには、確かに正しい主張がある。けれども、ただ解放を主張する運動が、結局は孤独を生むのと同じことがここでも起こるのではないか。すべてのことを社会的条件に還元する者は、結局、人間そのものを客体化することだけに終わってしまうのではないか。社会的関係を完璧なものにして、それによって人間を救済しようとする試みに尽きてしまうのではないか。結局大切なのは社会が悔い改めることであって、人間の悔い改めではなくなってしまうのではないか。

これは、しかし、根本的な過ちであります。われわれは政治の秩序を愛の規範に従ってよりよいものにしなければなりませんし、それが可能なのです。しかし、われわれがその秩序を救済することなどは不可能です。社会的諸構造もまた人間のわざです。愛の働きが作り出す変化は、社会体系に始まって、そこで終わるようなものではありません。人間において始まり、終わります。ただ一度の生を生きているひとりの人間においてです。その人間が社会的プログラムの道具にされることは決して許されません。その名をもって呼ばれる存在なのです。社会の秩序において愛の規範にふさわしく、何がなされなければならないかという問いに答えるものであるし、そのために責任を負うのです。

そこで何よりも大切なのは連帯です。個人と社会とは互いに依存しあうのです。連帯は、個人の原理と社会的諸関係とを結びつけます。われわれの政治的秩序に生きる誰もが、安全に守られて生きる権利があります。すべての者が共に生きる社会が個人を守るのです。その助けになるのが、平和と自由をもたらす社会的秩序です。しかし、連帯に必要なのは、しかも決定的に必要なのは、人間が人間に対してひとりの人格として身を向けるということです。技術的な体系が巨大化し、物質的な効率だけがもてはやされるこの時代に、この人格的な触れ合いがますます大切になる。むしろ国家は中央集権を却け、国民の自由な働きを促し、助け、社会的な奉仕を励まさなければならない。何よりも家庭において愛が実現しなければならない。社会的秩序の倫理的な価値が損なわれることはない。「しかし、愛が呼び起こす革新とは、人間のこころを目ざすものなのであります」。

多くの言葉を必要としないであろうが、ここにも〈人間であること〉ということが、愛の現実的な可能性を問うことによって、具体的に、社会的・政治的状況の中で持ってくる含畜深い意味を明らかにするのである。こうして愛が、ひとつの思想として語り出され、その実践の可能性が指示されるのである。

第三節　平和への憧れ

この愛についての講演を、ヴァイツゼッカーが、ドイツ新時代における最初の講演集の最後に置いたのは、なぜであろうか。それは、既に今まで紹介してきた愛の思想の展開であきらかになっているかもしれないが、私は、更にその最後に述べていることに深く関わるのではないかと思う。この近著では取り去られているが、前著『ドイツの歴史はなお進展する』に、この講演が掲載されたときには、それがいくつかに区分され、それぞれに小見出しがつけられていた。そこでは、右に述べてきたことに続く第三点の主張は、それだけでひとつの区分をなすものとされ、それに「平和への憧れ」という小見出しがつけられていたのである。その部分の最初で改めてこのように問い直されている。

平和なき現実

愛は国際的秩序の尺度であり得るでしょうか。諸教会が特に力を入れてきた主題は、平和以外の何物でもありません。だがほとんどいずこにおいても、平和が国際関係を支配するに至ってはいないのであります。和解、つまり愛の戒めの中核を求める声と、平和を失ったままの現実との隔たりこそが、われわれをまことに深く不安にさせるのです。そこで平和は、キリスト者をも駆り立てて、正しい道を求めての情熱的な論争に向かわせるのであります。

ヴァイツゼッカーは、しかし、現実に見える困難にもかかわらず、ここでも愛の戒めに生きることが可能だと考える。平和への憧れは深く人間のこころのうちに住んでいる。その憧れをかきたてるのは困難ではない。しかし、まことに困難なのは、相互理解をしようとの断固たる決意と、それを実現する力とをもって平和を実際に確保することである。教会もキリスト者も和解のアッピールを政府に突きつけてことがすむものではない。この世界の諸問題のただ中で愛の倫理が貫かれなければならない。その愛の実現に不可欠なのは、熱狂しない平静なこころであり、また理性的な姿勢である。平和を確保するために力の均衡を図ることが大切である。われわれキリスト者は、政府のそうした努力を評価しながら、自分たちは全力を注いで和解のために働く。状況を明瞭に幻想を抱かずに分析し、国境を越えて一致する利益を追求し、自分に対立する者の抱く不安や弱さを無視するのではなく、真剣に考えてあげる。そして信頼関係を作らなければならないのである。

そのために必要なのは、平和とはただ単に態度ではなくて、内容を伴うものだということをよく認識することであります。平和の内容、それは、人間性であります。ですから東ドイツのある司教が、こう言われたのは正しいことなのであります。「われわれが十分に意味ある人生を生きるために不可欠な人権を、われわれ自身が確保し得るのは、平和においてだけであります。そしてわれわれが平和を得るのは、人権を擁護したときだけなのであります」。

ヴァイツゼッカーにとって、国際関係における愛とは、何よりも相互理解である。それと深く結びついた和解である。和解と理解とが愛に根差す平和の絆を作る。そして、その平和において、人間が人間であるがゆえに尊ばれる。愛、平和、人権、ヴァイツゼッカーの政治哲学において最も重要な要素のうちの三つがここで結びついている。

世界への責任

こうしてヴァイツゼッカーは講演の終わりに至る。愛は政治的尺度たり得るかというのは、もはや疑問符をつけて語るようなものではないことが明らかになった。われわれ自身が疑問符を消したいのである。何にもまして聖書が教えるのは、われわれがこの世界に対して責任があるのだということである。また聖書は、ただ真実にして正しいことをなせと命じ得る人間はいないという事実に目を開かせる。われわれの創造者である神にもう一度結びつくこと、キリストの愛の中でわれわれが出会う信仰の世界こそ、われわれの不安を取り去ってくれるのである。そこでわれわれは自由にされる。理性と体験を生かして責任をもって生きるようにされるのである。愛に生きることに失敗しながらも、愛にこそ力があると知っているのである。

そしてわれわれ自身の良心も助けてくれるおかげで、日ごとに新しい解決の道を尋ね求め、しかもそのことについて神の前で自分は責任を持つことができるのだとの望みを持つことが許されるのであります。

この結びの言葉は、まことに味わい深い。ヴァイツゼッカーの思想の源泉を尋ねる者はどうしても、この神の前にある大統領の姿を無視することはできないであろう。

第五章　自由の拠点

第一節　キリスト者として

信徒大会議長

一九六五年、私がドイツに滞在した最初の町は、ベルリンであった。ドイツ語研修の最後の仕上げをするために、同地のゲーテ語学研修所に通っていたのである。そして、その夏、ベルリンから、初めて西ドイツに汽車で入った。ケルンで開催された西ドイツ全土から集まるプロテスタント教会の信徒大会に招かれたからである。そこで、リヒャルト＝フォン＝ヴァイツゼッカーに初めて会った。日本のプロテスタント教会を代表しての参加ということで、多くの便宜を与えられたが、なかでも印象的であったのは、世界諸教会の代表者を招いてのリセプション、また招待晩餐会の席であった。ラインラント州知事の招待の会であったり、大会議長であるヴァイツゼッカー自身による招待の会もあり、毎晩のように開催された。慣れないことで緊張しながら、それまでは名前の上でしか知らなかった指導者たちの間にあって会話を楽しんだが、そのひとつの会で初めて挨拶を交わしたリヒャルト＝フォン＝ヴァイツゼッカーは、兄のカール＝フリードリヒとふたりで私の相手をしてくれた。ワイングラスを手にしたまま立ち話を暫くしただけであるが、忘れ難い時となった。じっくりと、柔らかな表情で相手の顔を見つめ、兄弟で顔を見合わせて笑いながら、話を聞いてくれた。日本の教会の話を聞くのは初めてであったらしい。かなりの時を経て、大統領になってから、手紙を出すと、ケルンでの信徒大会のことはよく覚えているとの懇切な返信があった。ヴァイツゼッカーが、この信徒大会の議長になった最初の大会であったのである。それだけに忘れ難いものとなったのであろう。

この集会について、今、私はさしあたって〈信徒大会〉という訳名を用いているが、ドイツ語をそのまま表記すれば、キルヒェンタークである。キルヒェは〈教会〉であり、タークは、この場合〈会議〉を意味する。従って、そのまま訳せば〈教会会議〉となるが、私は、その性格上、むしろ〈信徒大会〉とすべきだと思う。明らかに信徒たちの自主的な運営による大信徒運動なのである。この信徒大会は、ドイツの教会にとってのみならず、戦後のドイツ社会の形成にとって、われわれが予想できないほどの重要な働きをしたのである。ヴァイツゼッカーは、その一時期、しかも重要な時期の指導者であった。それが政治家ヴァイツゼッカーの形成にとって持つ意味は大きいと私は思っている。

キルヒェンタークと呼ばれる集会は、ドイツには他にもある。しかし、少なくとも西ドイツにおいて、今日、この名で呼ばれるものは、二年ごとに繰り返される大規模な信徒集会、正確には、〈ドイツ福音主義信徒大会〉（ドイツ語の略号でＤＥＫＴ）のことであると考えてよい。一九四九年、まだ敗戦の痛手がいたるところに残っていたとき、むしろその故に、新しいドイツの建設のために使命を自覚したキリスト者たちの手で始められたこの運動は、急速に進展した。その母胎となったのは、ナチの支配した時代にそれと戦った教会集団で告白教会と呼ばれたものに所属していた信徒たちであった。既にナチとの戦いを続けている間に、しばしば開催した集会の伝統を受け継ぎ、新しい時代における信仰者の自立的で積極的な生活を造るために、志を立てて始めていたのである。

ハノーファーで開かれた第一回大会は、九〇〇〇名を集めたが、翌一九五〇年のエッセンにおける第二回大会には、閉会式に一八万人が集まったのである。この頃は毎年開催され、一九五四年にライプツィヒで開かれた「望みを抱いて喜ぼう」という主題の第六回大会には、毎日の協議会に参加した者は六万名を越え、閉会式の出席者数六五万に達した。ドイツ国内でこれほどの人が集まる例は他には見られないほどの大集会である。もちろん、この頃は、東西ドイツから参加者があった。分裂したふたつの国家に生きるドイツ人が、大挙して集会を行い、ドイツ人としてのアイデンティティを明確にする唯一の機会となった。それだけでも戦後ドイツ史において無視できない運動であったし、だからこそ東西ドイツ両国家の明瞭な分断を志した東ドイツ政府が目の敵にしたことも頷けることであった。一九五九年以降隔年開催となり、六一年にはベルリンの壁が構築され、この大会も遂に合同大集会をすることができなくなった。東ドイツの信徒たちは、政府の執拗で巧妙な妨害に耐えながら、各地で同じような小規模の集会を開催するより道がなくなった。ドイツ再建のための国民結集に大きな役割を果たした大会は、この頃から、性格が変わっていくのである。

キルヒェンタークとは

この信徒大会を始めた中心人物は、ラインホルト＝フォン＝タッデン＝トリグラーフという人である。東プロセイン出身のこの人は、貴族であり、地方政治家でもあったが、ナチ台頭の当初からこれと戦った。やはり告白教会に属し、その当初からの戦いに貢献した信徒であり、ナチに対するキリスト者の抵抗運動の信徒指導者となっていた。戦後、故郷がポーランド領となって追われ、西ドイツに移ったが、志を立てて、同志とともに、その中心となって、この大会を始めたのである。大会規則には、「大会は、ドイツにある福音主義(プロテスタント)の信徒たちを集め、その信仰を強め、教会にあっては責任ある者となり、この世にあっては、福音の証しを立てるように励まし、世界中の信徒との連帯を保とうとする」ことを目的とする旨が記されている。

実際の大会運営の姿は、時代とともに変化したが、この目的に沿って、その基本的性格を変えることなく、ほぼ次のような特色を持つ、戦後ドイツにおける重要な民衆運動であった。敗戦後のドイツ共和国連邦としての西ドイツ国家の形成に、この信徒運動は、独自の大きな貢献をしたと私は信じている。このことは、まだ日本では十分に認識されていないことである。しかもリヒャルト＝フォン＝ヴァイツゼッカーがこの運動と深く関わっていたということは重要な意味を持つと思う。簡略にこの大会の特質を数えてみよう。

(1)　ドイツのプロテスタント教会は、日本では想像できないほどの強固な、厳格な法的性格を備えた制度を持っている。聖職者の権威も確立している。敗戦によってもその伝統的な性格は揺るがず、むしろますます色濃く保っているのである。この信徒大会は、そのような教会と正面から対立するのではなく、むしろ協力しながら、しかし自立した信徒たちの運動という性格を保持した。そのために緩やかな教会革新運動の担い手となった。主催・運営の任にあたったのは、信徒たちであった。聖職者たちは、その協力者という位置に留まったのである。

(2)　参加者の中には、牧師たちも多く混じってはいたが、やはり信徒が主たる参加者であった。ドイツ各地の、いわゆる大衆の名にふさわしいような人びとが喜んで参加したのである。それは大衆参加の大研修会であって、神学上の諸問題から、政治・社会の緊急の問題について講演、パネル討論などが数日にわたって続けられる。主題別のグループに、時には、ひとつのグループだけで数千名の参加者があり、かなり高度な討論に耳を傾ける姿は壮観である。しかも参加者は受け身に終始することなく、自分たちでも集会を提供し、自主的な展示・アッピールを行い、そのような自主的プログラムは、現在では一千を越えるようになっている。

(3)　フォン＝タッデン＝トリグラーフは、どちらかと言えば、保守的な、きわめて敬虔なルター派の教会の強い地方の出身である。これまでにも紹介した、ヴァイツゼッカーにも影響を与えた神学者ディートリヒ＝ボンヘッファーもまた、この地方の人と言える。その強固な信仰に支えられてナチとの戦いを貫徹した人である。そこで、しかも、教会変革の意欲をも与えられたようである。従って、信徒大会は、礼拝、祈りの集い、聖書の学びなどのような、信仰的な性格の強い集会を重んじている。敬虔な祈りの姿勢を保ち続け、一種の信仰覚醒運動の性格を帯びている。しかも、それと共に、伝統的な教会の在り方に自己批判的でもあり、変革を試みる姿勢がある。新しい形式の礼拝を試みたり、ポップスの有名な歌手を揃えて、ジャズふうのメロディーの讃美歌を大集会で歌ったり、あるいは、どちらかというと進歩的な神学者に十分な発言の場を与えたりする。そのために、一九六〇年代には、それに飽き足らない保守的グループが、この信徒大会に対抗して正統的信仰を守るためと称する大衆運動を組織するまでになったのである。しかし、この信徒大会によって、ドイツの教会が時代の要請に応える新しい教会の姿勢を穏健な形で整えてくることができたことは確かである。

(4)　取り上げられた主題は多様である。聖書を批判的に読むことの是非をめぐって、戦後のキリスト教会を揺り動かす激しい討論があったが、そのための話し合いの場になったし、キリストの復活とは何かというような神学問題を追求する場にもなった。それと共に、教会ないしキリスト者の現代社会における課題を問うという観点から、実に多様な問題を論じてきている。当然、そのひとつの中心は、反ナチの戦いの流れを受け継ぎ、第二次大戦におけるドイツの戦争責任を厳しく問うことであった。またユダヤ人の大量虐殺を引き起こした反ユダヤ主義は、ただナチのイデオロギーのみならず、それをよしとするキリスト者たちの間にあるユダヤ人に対する偏見によっても促進されたものであったという率直な反省が語られ、「ユダヤ人とキリスト者」という主題をめぐる学びが反復された。また戦後の西ドイツの平和運動の源流のひとつが、この信徒大会であったと言っても差し支えないほどに、ドイツ再軍備問題を始め、率直な平和論争が行われる場所となった。更になお言えば、ドイツ資本主義がもたらす社会的諸問題は、環境問題を含めてかなり早くからこの大会で取り上げられ、討論された。これらの討論には、現職の大臣などの政治家たち、あるいは経済界の指導者たちも参加し、大衆との討論に応じている。ヴァイツゼッカーが、この信徒大会に参加したのも、最初は、そのような実業家のひとりとしてであった。戦後のドイツにおいて、キリスト者の社会的実践の具体的な討論の場所として、もうひとつ重要な働きをしたのは、エヴァンゲリッシェ・アカデミーと呼ばれる、各種のゼミナールや研修会を信徒のために開催した施設であった。これについては既に書いたように、やはりヴァイツゼッカーが積極的に参加したキリスト教的活動である。信徒大会は、それと並んでまことに重要な貢献をしたのである。このような働きのおかげで、ドイツでは、キリスト者の信仰の強化と、それに基づく社会的関心の培養とが分離しないで、むしろ深い結びつきによって育まれてきたのである。CDUという、どちらかと言えば保守的とみなされる政党に属したヴァイツゼッカーが、この大会を指導し、しかも、SPDの政治家たちが協力し、あるいは、日本にも知られるヘルムート＝ゴルヴィツァー教授に代表されるような「赤い神学者」とまで呼ばれた人びとが、これを熱心に支えたというところに、戦後の西ドイツの典型的な姿が示されたのである。

(5)　ドイツ分割の悲運にあって、ドイツ教会は、その分割を自明のものとせず、東西キリスト者の交流を断たなかった。信徒大会は、その具体的な表現の場所となった。大集会は、分割に抵抗する民族意識の示威的表現でもあったのである。ベルリンの壁の建設や、東ドイツ政府による強制的な教会組織の分断によって、信徒大会もまた分裂させられたが、互いに壁を越えて呼びあう姿勢は変えなかった。そのために、東側における大小の規模における信徒大会開催の試みは、常に政府の嫌がらせ、妨害にさらされながら強行されたのである。私も、そのいくつかに参加したが、その熱気は、ほとんど想像もできないほどの激しいものであった。静かだが、強烈な体制批判の場所であり続けたのである。西の大会でも、絶えず東ドイツの兄弟姉妹たちに言及し、直接・間接に呼び掛けており、まるで影の参加者たちであるかのように意識されていた。この信徒大会は、そのようにしてドイツ人のアイデンティティを問い続ける重要な場でもあったのである。

(6)　この信徒大会は、大研修会であるとともに、大祝祭でもある。会期中には、開催都市のオペラ劇場などを含めて特別な文化的プログラムが提供される。特に最終日に行われる閉会式は、大競技場のスタンドもフィールドも埋める何十万という人びとが集まるものであって、この大衆的な大集会は、ドイツの他の場所ではほとんど見られない組織的な国民的祝祭となった。敗戦後の再建期において、ドイツ人の精神的高揚にどれだけ貢献したか計り難いのである。

(7)　極端に保守的であったり、また進歩的であったりする人びとを除いて、保守から進歩まで、実に多様な意見の者たちが、同じ平面において自由に討論する、文字どおり民主的な討論を行う実験、あるいは実習の場がここに提供された。しかも単なる討論に留まらず、必要な実践活動を生み出したのである。それは、戦後の西ドイツが均衡の取れた二大政党による漸進的な改革の道を辿ったのと平行するものであったと言えよう。

信徒大会議長となる

ヴァイツゼッカーは、一九六四年に、この信徒大会の議長に就任した。そのときは、無名のキリスト教民主同盟の一党員でしかなかった。まだ国会議員でもなかったのである。戦後大学生活を終えてから、ヴァイツゼッカーは、まずルール地方の石炭・鉄鋼企業の法務担当となり、更に小さな銀行の頭取になったことがある。一九六二年、かなり大きな製薬会社の重役となった。しかし、その頃から、プロテスタント教会の信徒活動に積極的に加わり、この信徒大会にも参加するようになっていた。そして専心して議長役にあたっていたフォン＝タッデン＝トリグラーフを知ったのであろう。その後継者となるように懇願された。ちょうどこの頃国会議員候補になる道も開かれつつあり、差し当たり実業家の務めとの兼務となることについての了解を得て、無給の信徒大会の運営責任者となったのである。そして一九七〇年までの在任期間中に、たちまち多くのキリスト者たちの信頼を得たのである。のちにヴァイツゼッカー自身の述懐するところによれば、結局のところ実業界から遠ざかる原因となったのは、政治活動に専心するためだったのではなくて、まずこの信徒大会に専念するためであったという。七〇年以降も、政治の実務繁忙のために退くまで、ＳＰＤの著名な政治家エプラーなどと共に、信徒大会の議長団のひとりとして尽力しているし、その後も招かれては講演をしているのである。

ヴァイツゼッカーがドイツ全土に知られるようになったのは、まずこの信徒大会の議長としてである。全国からキリスト者が何万、何十万と集まる。その上に新聞、テレビなどのマスコミは、大会開催中、連日その詳報を伝える。議長の大会挨拶は紙面を賑わした。ヴァイツゼッカーの名は、一挙に全国に知られるものとなった。やがてドイツ全教会の信任を得てのことであろう、一九六九年から大統領就任のときまで、ドイツ全体のプロテスタント教会の組織であるドイツ福音主義教会（Evangelische Kirche in Deutschland, 略称ＥＫＤ）の全国総会議員となり、また全体の指導にあたる常議員会の議員とさえなった。言ってみれば、信徒の指導者としては、最も重要な位置についていたのである。このような活躍を続けながら、政治家としての活躍も始められたのである。そして伝えられるところによれば、政治家としての激務にもかかわらず、教会の務めを軽視することは少しもなかったのである。

信徒大会議長の務めは、長い準備を多くの協力者とともに重ねることから始まる。そこで既に、多様な意見や希望を調整し、討論の場を整える。政治家も多く招かれるし、神学討論の場も設定される。しかも議論だけをするのではなく、それが教会と社会の変革に貢献することを願っていたから、すべてを円滑に組織し、運営するのは容易なことではなかった。まさしく民主的な社会改革の実験場のような趣があった。ヴァイツゼッカーが実際に議長として責任を持ったのは、一九六五年、六七年、六九年の三回であるが、最後の六九年の大会は、全世界に波及した急進的な学生運動の波がドイツにも広がっていたときであって、大会もその影響を免れなかった。従って、それはヴァイツゼッカーにとっても決して楽しい思い出ばかりではないものとなったらしい。しかし、ヴァイツゼッカーは、どのような圧力にも屈せず、民主的討論の枠を守ろうとし、当時の若者たちの通弊となった力づくの自己主張に対しては断固たる態度を取ったのである。それは、何よりも、社会的な共同の課題の認識と、必要な協力がなされるためにも、人間の基本的な権利とも言うべき自由の確保こそ、自分の使命であり責任であると認識していたからである。この一九六九年前後のラディカルな学生運動の波は、日本にも波及し、多くの大学、教会、さまざまな組織において、今日においてもなお癒しがたい傷を残した。今なお分裂したままの組織もある。その悲劇克服の困難さを体験した者にとって、ヴァイツゼッカーが忍耐と勇気をもって対応したために、この信徒大会が分裂することもなく、中止されることもなく、その自由討論の場としての歴史を保持することができたのは、驚異的なことであるとさえ言えるであろう。

　この信徒大会議長としての働きが、ヴァイツゼッカーをして大統領としての名声を獲得させた基本的な体験となり、またその可能性を開いたものとなったと言ってよいのではなかろうか。

第二節　自由の中に堅く立って

最初の大演説

一九六五年八月一日、ケルンで行われた信徒大会の最終日に閉会式が行われた。陸上競技場のスタンドに約一五万の会衆が集まり、その時の大統領ハインリヒ＝リュプケも出席した。信徒大会に大統領が出席するのは、恒例のこととなっていた。それほど国家的にも重視されていたのである。リュプケは、その前年の選挙で大統領職に再選されていたのである。しかし、この大統領が会場に姿を現したときの周囲のざわめきを今でも覚えている。私にとっては思いがけない、批判・反発を示すざわめきであった。その教養の貧しさが取り沙汰され、失言が重なるという失態が話題になり始めていたときである。私の隣に座ったひとりの教会指導者が、悲しそうな声で、私たちは、困った大統領を持ってしまってね、と言った。歴代の大統領のなかで例外的に悪評のうちに、結局は任期を完全に終えることができなかった人である。

この席で、大会議長となって最初のヴァイツゼッカーの演説がなされた。おそらくこれほどの大群衆に語りかけたのは、その生涯において初めてのことであったろう。静かな、よく透る声で語ったのは、「自由の中に堅く立って」という大会主題に関するものであった。それまでの会期中に私が聞いた神学者たちによる説教、講演が、まだドイツ語を聞くのに慣れていない私のような者にとって、半分も分からない複雑な構文のものであったり、あまりにも洗練されすぎたものであったりしたのに比べると、まことに平明で分かりやすく、しかも説得力のあるものであった。この主題は、新約聖書に含まれるパウロの手紙、ガラテヤの信徒への手紙第五章一節の冒頭の、宗教改革者ルターのドイツ語訳による言葉を、そのまま用いたものである。この主題選定は、多くの者の討論によって決まったのであろうが、大会議長ヴァイツゼッカーの意向が強く反映していたのではないかと私は思う。このパウロの言葉を彼は特に愛していたと、私は、思っているのである。

私たちは、四日間ここケルンに集まり、この「自由の中に堅く立って」という主題のもとで学んできました。そこで、分かち難く結びついたふたつの体験をしたのであります。そのおかげで、このパウロの言葉は私たちにとって一層近しいものとなりました。福音は、将来への私たちの望みを確かなものにしてくれます。しかし、私たちが、およそこの望みなるものを、いきいきとした力で捕え得るのは、自分たちの今ここにおける課題としっかり取り組むことにおいてだけであります。私たちが、そこに大胆に立ち得る自由を体験するのは、自分の生命力を献げきって、情熱的な忍耐力をもって、今日の困窮に立ち向かうときだけなのであります。

われわれの課題

この、それ自体情熱的な言葉が、その冒頭の言葉である。語る者自身の献身の姿勢を感じさせる言葉である。そこで、われわれが今ここで課題とすべきものが何であるかを改めて確認すること、それが大会議長演説の主題となる。大会が終わったら、そこで使命が終わるのではなく、むしろこれからドイツ社会にあって参加者たちが実際に課題と取り組まなければならないからである。そこでこのように語り継いでいくのである。

私たちが生きているこの世界を規定するものは何でしょうか。

人類は、未だかつてなかったほどに、深い結びつきをしながら発展をしています。学問と技術、報道と武装、生産と消費は、従来境界線とされていたものを越えて広がっています。私たちが聞いたり知ったりするもの、私たちが実行することができ、また実行すべきもの、それはすべて地球を覆ってしまうほどの広がりを持っているのです。

従って、人間のする努力もまたすべて統一の方向を目ざすことになりましょう。すべての者が自由であり、平等でなければなりません。すべての者が保護を求めています。すべての者が同じ不安から守られなければならず、同じ危険に対して安全でありたいと願っています。すべての人間が平和を望んでいます。しかし、平和を作り出している人はまことに僅かです。そこで私たちは問うのです。このひとつに向かう発展が私たちに与える課題とは何であろうか、と。政治的な意味での統一ではありません。しかし、共に生きざるを得ない必然性があるのです。軍備無しでというのではありません。しかし、軍備を規制しなければなりません。法と秩序のために戦う義務を放棄することはできません。しかし、何ひとつをも断念せず、すべてを手に入れたいということであるならば、結局は私たちはすべてを失うことになるのだということを認識すべきです。生活様式や習慣まで統一することはないのです。しかし、しかしそこに調和がなければなりません。信仰の教えまでひとつにする必要はありません。しかし、教会は、危険もチャンスもひとつである世界に、世界的な規模で向かい合う覚悟がなければならないのであります。

これらすべては、現実離れした理論や道徳なのではなく、手に触れ得る現実に関わることなのです。私たちの子供の将来、私たちの社会の安全、精神的・経済的成長、民族自決と平和、これらすべてを直接決定するのは、人口問題の解決です。原子力および生物兵器の破壊力を統御すること、財貨を守り、人類の多数の生活が脅かされている危機と圧迫とを克服することでもあるのです。すべての人間がこのことを知らなければなりません。私たち自身が自ら問わなければならないこと、それは、私たちがこの認識を、自分たちが共同の責任を負っている諸領域において生かすことができるかということであります。

これを読んで誰もが知ることができるのは、演説冒頭におけるこの問題提起こそ、その後のヴァイツゼッカー自身が、いつも問い続けたことであったということである。キリスト者としての固有の課題とか、キリスト教会の将来というようなことよりも、現代に生きるすべての人間が、信仰の有無や相違を越えて全人類的な規模で取り組むべき課題をここに見ているのである。

この課題を更に具体的に考察するのが、この演説の次の課題である。まず、駅前に堂々と聳える大聖堂が示すように、本来カトリック教会の強いケルンにおける大会であることを踏まえ、カトリック教会の友情に感謝しながら、プロテスタント・カトリックの対立を乗り越える希望を語る。また教会と世界との開かれた関係を作り出すために、信徒たちが負うべき課題を語る。キリストの教会は、危機にさらされている世界のために生きる。信仰の弁護に汲々とするのではなく、信仰の相違を越えて共に世界に対する責任を負うことにこそ、その使命はある。そのことを地道に現実の生活のなかで実践するのが信徒の課題なのである。

ドイツの課題

そのような考察を重ねたのちに、国家分裂の状況にあるドイツ人固有の課題について語り始める。外的には、どうしようもない分裂のなかにありながら、共同でなし得ることがあるのであろうか。それぞれに固有の歴史が作られ、発展し始めているようなところで、何ができるのであろうか。しかし、こちらでもあちらでも、やがてひとつになるのだという深い願いが、われわれをひとつにし、ヨーロッパ諸国と区別しているのではないか。しかも、そこで他国からの不信感を取り除くために、ドイツ両国に生きるドイツ人が、共同で平和を作ることを課題としなければならない。鉄のカーテンを取り除き、ヨーロッパ分裂を克服するために不信感を取り除くことに貢献したいのである。

これらの前提に基づき、西ドイツ社会に生きる者の課題を具体的に把握しなければならない。西ドイツは、他国の助けを受け、国民も勤勉に働き、政府の指導もよろしきを得て、豊かな国になった。豊かさが自己目的になってはならないが、豊かさは悪いことではない。感謝して受けるべきものである。だが実際には豊かさが自己目的になってしまってはいないか、真実に豊かに生きることを心得得るほどに、ドイツ人が成熟しているかを、今改めて問わなければならないのである。

(1)　豊かさが平和を促進するのに役立つのだとすれば、まず私たちが学ばなければならないこと、それは、競争とは何かということであります。より高いものを目ざして努力するのはよいことだし、必要なことであります。しかし、いつも前進し、優越することだけを考えている者、高速道路でいつも追い越し車線だけを走ろうとする者は、自分の力の限界に到達することも早いし、自分に与えられている賜物の用い方について騙されているところがあるのです。本来することが許されていることよりも余計なことをしてしまうことがしばしばあり得るのです。それは、すぐに爆弾を用いたり、交通機関の速度を競ったりすることだけではありません。自分の生命力を自分で支配するということでもあるのです。自分の力で高い地位を得た者が、最後の力を振り絞ってなお高いところに立とうとし、無理をして、突然役立たずになってしまうことがあります。われわれが、いつか他人に追い越されるのではないかという不安を絶えず持ち続け、断念すべきものを断念する力を持たなかったならば、競争心の飛翔力を抑えることもできません。職業生活でも街頭においても、隣人との生活においても国際関係においても、イデオロギーの面でも、教派対立においても、絶えず競争ばかりしていることになるのであります。

(2)　豊かさは、正義を確保するための助けにならなければなりません。しかし、それは力ある者の優先権を確保するものであってはならず、無力なものを尊び、すべての人のための秩序を保たなければならないのであります。

(3) 豊かさは、困っている人間を助けるものでなければなりません。孤独、高齢、病という悩みをわれわれは、どのように克服することができるでしょうか。こうした問題を解決するために合理的な方法もあるし、そのための財力もわれわれには備わっています。それを用いずに社会の課題を果たそうとするのは無意味なことであります。悩みの中にある人の世話を、個人的な献身の心や、愛の心から生まれる奉仕にだけ委ねるのは、非理性的なことになりましょう。それらの働きも、計画的な組織や、合理的な財的支援があってこそ力を持つのです。しかし、技術も金銭も、それだけでは同じように無力です。この両方が互いに助け合うようにしなければならないのです。自己陶酔に陥らない冷静な目的追求と献身に備える心とが、ひとつになって力を発揮しなければなりません。

信徒大会議長として（1981）

誰もがひとしく愛に生きる社会

こうしてヴァイツゼッカーは、ドイツ社会全体が福祉と教育に力を注ぎ、こうした働きが社会全体に認められ、育てられなければならないことを強調する。特に若者たちがこのことに関心を注いでほしいと訴える。このようなところにこそ、社会の成熟ぶりが見えてくるのである。ヴァイツゼッカーは、ここで、若者たちが既に社会のために働く心を持っていることを評価する。しかも、そこで若者たちが働く社会のあり方をも問い直す。たとえば、社会が一般にふたつの仕事があると、区分して考えることがあるが、それはよくないと訴えている。

看護婦さんたちが、八時間厳しい労働をしたあとで、われわれが誰でも楽しんでいるのと同じことを楽しんで過ごした時、腹を立てるのは、おかしなことです。われわれが職業に二種類あると考えるのは、よいことではありません。稼ぎのよい豊かな職業がある一方で、隣人愛に生きるだけの福祉や教育のための職業があるとするのはよくないのです。いずれの働きとも、得るものを得、隣人を愛する務めを分けあうのです。人を助ける者も報酬を得るし、報酬を得る者も、人を助けることを学ぶのです。

このような行き届いたヴァイツゼッカーの勧告の言葉を読むと、その背後にあるドイツ社会、またそこに生きる教会、キリスト者たちの姿が浮かび上がってくる。特に熱心なキリスト者だけに限ることではない。熱狂的な叫びを上げるわけでもなく、むしろ静かな姿勢を保ちながら、ごく自然に献身的な奉仕に生きている人たちがある。それを支えて多くの人たちの献金が献げられている。東西ドイツの至るところに見られる、このような自発的な愛の実践は、訪ねる者の心を打つ。豊かな社会の成熟は、そのようなところに見られるというのは、その通りであろう。私は、ひとりの日本人として、豊かな社会という点では、ドイツと肩を並べるようになり、経済力では、ドイツを凌駕しているとさえ思っている人も多いかもしれない日本の社会の未熟さを反省せざるを得ないのである。

このあまり長くない演説は、一方でますます重くなる国家の政策の重要性に言及しながら、自発的なグループが、社会の悩みを負い、その解決に取り組むことがどれほど大切かを強調して終わるのである。ケルンに集まった者たちが、そのような自発的な奉仕に生きる群れとして各地に散っていくのを送り出し、見送ろうとする、大会議長の姿勢と祈りが込められた結語とも言えるであろう。

第三節　再び「自由の中に堅く立って」

共に生きる道を

信徒大会におけるヴァイツゼッカーの発言は、大会議長である以上、いつの大会においても、繰り返して求められる。開会式、閉会式においてはもちろんのこと、開会に先立ってジャーナリストを招いて大会趣旨説明をしたりしている。それらの発言は、すべて浩瀚《こうかん》な大会報告書に掲載されている。私の見るところ、その中では、一九六九年の大会の閉会式で行われた挨拶は異色のものだと思う。ちょうど七月二〇日であった。そのためにここでも、既にわれわれが何度か言及してきた、二五年前のその日に起こったシュタウフェンベルクたちによるヒトラー暗殺事件にかなり長く言及している。これは大会参加者を驚かせたものではないかと思うとともに、ヴァイツゼッカーがこの事件にどれほどの思いを注いでいるかを思い起こさせるものである。おそらく、かなり決定的な影響を受けたと、改めて思う。しかし、ここでは、その挨拶の後半で語っていることだけを紹介する。これもまた、もちろん、その戦争体験と無縁のところで語られたわけではないであろう。シュトゥットガルトで開催されたこの時の大会は、「義に飢え渇く」というマタイ福音書第五章三節以下にあるキリストの山上の説教の言葉を主題としているが、先にも述べたように、学生運動が火を噴いていたときであって、大会運営にも非常に苦労したのである。

そこで、会を閉じるにあたって、このように語るのである。

この大会で最も大切な課題はコミュニケーションということでありました。その課題を達成したでありましょうか。まだまだと言わなければならないことが何度もありました。われわれの間には、相互の理解を隔てるものがあることを繰り返して体験したのです。不協和音の多い音楽に閉口した人もあります。教会の語る宣教の言葉は時代遅れだと言った人もあります。それは何のことか、われわれには分かりません。グループにおいて議論の進め方に腹を立てた人もたくさんいます。それは政治的な集会のやり方であって、信徒大会にはふさわしくないと言うのです。信徒大会は、もうとうの昔に民主的なものではなくなっていると思っている人もあります。あるグループは、こう言いました。われわれは行動に移るべきだ、子供の遊戯のようなことはやっていられない、他の人たちをも促して行動に移ろうではないか、と。そういう方たちに対してこう答える人たちがおりました。われわれはキリスト者なのだから、行動したいと思っている。しかし、あなたがたのした決議は、現実にはそぐわない。われわれはあなたがたとは行動を共にすることはできない、と。また多くの方たちは、こう言います。われわれは、ここシュトゥットガルトに、何らかの方向づけを与えられたいと思って集まって来た、それなのに、かえって今は、ますます混乱してしまっているではないか、と。このようなことが、この何日か語られたことなのです。

しかし、これは、この大会の示す一面でしかありません。われわれがここで、参加すること、自分の主張を守ること、そしてしかもそこで理解しあうことをも学んだと言ったら間違いなのでしょうか。福音の真理をどのように理解し、それを実践的に実りあるものにするにはどうしたらよいかをめぐって、情熱的に、真剣に討論することができたのは、本当のことではないでしょうか。今日の、このわれわれの困難な世界の状況のなかにさえも、福音がもたらすエネルギーがどれほど豊かなものであるかをこの大会において体験したのではないでしょうか。若い世代の人びとが教会を年寄りだけに任せず、もちろん自分たちなりの道を歩みながら、そのあるべき位置を求めているのは、喜ぶべきことではないのでしょうか。もちろん、お互いの相違がわれわれの心を重くしているところで、無理にでもハーモニーを呼び出そうというのではありません。しかし、教会の存立を危ぶんで諦めたり、不安を抱くことは、何の役にもたちません。新約聖書に学ぶことができるのは、教会には、さまざまな賜物があり、関心の相違もまたあったのだということであります。この聖書が見抜いている知恵を実践するように努めましょう。皆さんもキリスト者として是非学んで頂きたいのです。さまざまな方向を目ざすキリスト者が、共に生きる道を。お互いの相違があっても、お互いにどうでもよいような無関心さで、ただ並んで歩く、というのではないのです。しかし、また神がその教会における働き人として認めてくださるのは、いったい誰であるかと、互いに対立して争うというのでもないのです。真理をめぐって互いに励んで論争するための心備えをいたしましょう。同じ考えの者ばかりが集まる自分の仲間のところに引っ込んでしまわないようにいたしましょう。違った考えを持っている人と生きてこそ、愛は確かなものになるのです。

ここにもヴァイツゼッカーの本領が発揮されていることは、誰の目にも明らかである。ヴァイツゼッカー自身、ここで、激しい討論・対決を体験しながら、これを語っているのである。一九六九年と言えば、日本もまた例外ではなかった。全国に学生紛争の嵐が吹きまくった。問答無用のラディカルな運動形態が多くの教授たちを困惑のなかに陥れた。言葉の無力が深く嘆かれた。このときのコミュニケーション不能の絶望の体験は、今日もなお尾を引いていると私は思う。そのもっとも激しい状況において、討論を主としてきた信徒大会を責任をもって主催するなどというのは、いったいどれほどの激務となったか、想像することはできる。それをヴァイツゼッカーはやってのけたのである。それだけに、多くの人びとの信頼を受けたこともまた伝えられている。この前年の六八年には、スウェーデンのウプサラで開催された世界教会協議会の総会に出席し、直ちにその中央委員に選ばれ、更にその常任委員となった。ドイツ国内のキリスト者たちからばかりではなく、世界のキリスト者からの信頼を得たのである。

自由を目ざして

先に述べたように、ヴァイツゼッカーは、この大会で議長役を退いたが、そのあとは、自分とは所属政党の異なるＳＰＤに所属していた、エアハルト＝エップラー（Erhard Eppler）と、ゲーテ・インスティトゥートを主宰するクラウス＝フォン＝ビスマルク（Klaus von Bismark）と共同議長団を組織して指導にあたっている。その職も退き、大統領になった一九八五年には、直ちに、今度は、デュッセルドルフで開かれた信徒大会に出席し、「ドイツ人とは―そのアイデンティティについて」という講演をしている。これについては、既に言及した。大統領就任演説、また五月八日の〈あの演説〉と並んで、就任したばかりの大統領ヴァイツゼッカーの姿勢を示す最も重要な意味を持つ演説のひとつとされたものである。ドイツ人であること、ドイツ的であることの意味を歴史的に回顧し、現在の状況におけるその意味を問い直した内容の豊かなものであるが、残念ながら、ここでは、その紹介を断念しなければならない。注目すべきことをひとつだけ指摘すれば、そこでも、もちろん既に将来に必ず実現することとしてドイツ統一という課題を直視して、それについて語っている。しかも、そのドイツ統一よりも優先されるべきことは〈自由〉であると言い切っているのである。「自由を犠牲にしてまでも統一を目ざそうという方向で進むのは時代に逆行すること」であると言うのである。そして、そこで既にヘルシンキ宣言が定めた筋道においてヨーロッパ統合がなされるべきことにまで言及する。それは、国家的統一でもなければ、体制の統一でもなく、「自由に向かって共同の道を歩む」ことなのである。ドイツ人としてのアイデンティティを貫くことは、この自由に徹することなのである。自由主義者リヒャルト＝フォン＝ヴァイツゼッカーの心からの願いが述べられた講演であった。自由なヨーロッパ世界実現のためにドイツ人がなし得ることは何であるかを存在を傾けて語ったのである。

愛と自由

われわれは、いささか先を急がねばならない。それは、ヴァイツゼッカーが改めて使徒パウロの言葉を思い起こしながら、新しい口調で、キリスト者たちを前にして語る日が来たからである。一九八九年一一月九日、ヴァイツゼッカーの予言通りにベルリンの壁が崩れた。そして、それに続く最初の日曜日、西ベルリンの繁華街の中央に立つヴィルヘルム皇帝記念教会において、特別の礼拝が行われた。第二次大戦で破壊された旧教会堂の一部を保存し、それと並んで、まことにモダーンな教会堂を建設、西ベルリンの中央駅となった動物園前駅のすぐ前にある、観光名所のひとつになった教会堂である。東ベルリンからの多くの参列者を迎えての大規模な、記念すべき礼拝において、大統領ヴァイツゼッカーが語ったのである。教会堂の中での礼拝での話であるので、当然のこととして最初に聖書の言葉が読まれている。日本語の聖書の翻訳とはいささか相違するので、そこで用いられたであろうルター訳のドイツ語テキストをまず翻訳して紹介する。

「そこで、今や自由の中に堅く立ちなさい。キリストがわたしたちを解放されたのは、まさにこの自由のためにである。そして再び奴隷の軛《くびき》につながれないようにしなさい。……あなたがたは自由のために召されたのである。だがしかし、あなたがた自身が、この自由を誤用して、自分たちだけで生きようとすることのないように、よく気をつけなさい。そして、互いに愛をもって仕え合うようにしなさい」(ガラテヤの信徒へのパウロの手紙　第五章一、一三節)。

この手紙を読んで、そののちに、ヴァイツゼッカーは、きわめて率直に、単純にこう語り始めるのである。

この言葉は、私どもすべてに語りかけております。人間としての感情が深く揺さぶられ、思いもかけなかった政治的な変動が起こっているこのとき、何を語ってくれているのでありましょうか。愛が、政治の尺度たり得るかということであります。

私どもがこの何日かに体験したことは、まったく根本的なことでありました。それは、人間の運命の決定において、中央権力が専横にもことを決する力があるというようなことではなくて、人間自身が自分の運命を定めるものなのだということでありました。民衆自身が政治の道を示したのであります。

政治が人間の決する事柄であるということ、それは、政治とは自由に関わるものだということであります。人間は、自由を欲するものなのです。しかし、それと同時に政治は、責任に関わるものでもあります。責任のないところでは、自由は混沌に至り、自由そのものが失われてしまうのです。しかも、責任とはお互いの連帯を意味します。この連帯においてこそ、自由は成就するのです。私どもキリスト者の言葉で言えば、愛において、ということであります。

東から来た者も、西から来た者も、共にひとつの礼拝を守り得ることを、私どもは、このベルリンにおいて、この記念教会において、どれほど長い間待ち望んでいたことでありましょうか。今私どもを満たすのは、心からの喜びであり、感謝であります。しかし、そこで誰にも許されないことは、勝利感を募らせるということであります。誰に対してであろうと凱歌をあげるようなことをしてはならないのであります。

今私どもは、共に立ち続け、共に、またお互いに責任を持ち、自由に生きて、次の歩みを起こしたいと思います。誰もが自分の立場を心得、なし得るかぎりの奉仕をしたいと思います。自由を壁に塗り込めたままにすることはできないし、真理をいつも抑え込んでしまうこともできないのであります。権力と強制を我慢することは、まことに困難なことでありました。何十年にもわたって嘘を語り続けるのは、最悪の害毒であります。それは、国家、社会、隣人との間にある信頼感を壊します。遂には自分自身に対する信頼を失わせるのです。この町のあちら側の半分、そしてドイツ民主共和国（DDR）の人びとが、自分たちの勇気をもって克ち取ったもの、それは、強いられた嘘からの解放であります。真理への自由であります。そのような自由のなかに立ち続けること、それをこそ、私どもは今なすべきなのであります。

私どもが今抱いている感情と考えを整え直すには時間がかかります。騒音をたて、大声でしゃべりまくって騒ぎ始めてはいけないのです。私どもの内の誰もがこうなるとは知りませんでした。そして、これからどうなるかも、誰も知らないのです。

ただひとつのことは明らかです。それは、〈あの壁〉が、かつてあったような姿では、もう存在しないということであります。壁は、非人間的になることへの警告の記念碑として存続するだけになりました。東西対立の間の政治戦略のひとつの手順として壁が建設されました。しかし、この戦略に欠けていたのは、このとんでもないしろものが、どのように人の心を傷つける働きをするかをあらかじめ見抜く想像力でありました。

家族、友情、生活そのものを力づくで切り裂くようなことは、ただ単に政治的な事柄に留まらず、感情の深みにまで達する出来事でありました。道徳的、人間的な痛手は、途切れることなく、また途方もないものでありました。この何日か、かつて何十年か味わったことのないほどに私どもの心が揺り動かされたこの出来事に、言葉を絶するほどに私どもの心が騒ぐのを訝《いぶか》る人があるとすれば、それは、この痛みが分からない人でしかありません。新しい一週間が始まります。注意深く次の歩みを起こすのがよいでしょう。冬は戸口に迫っています。日常生活に必要なものがまず満たされなければなりません。病人の看病がなされ、子どもたちの世話がなされ、老人に心注がれ、障害者たちがみとられなければならないのです。

生活ができるということが大切です。それは選挙改革を待ってはいないのです。今その保証をしなければなりません。それがうまくいくために、人間が確信をもってここに留まることができるために、自由を真剣に重んじるのだという確信を持つことこそ根本的なことなのであります。

マスメディアが真実を伝える自由を真剣に重んじましょう。

政治の諸制度における自由を真剣に重んじましょう。それはつまり、他の政党を支配しないで、自立した政党が複数たてられるということであります。

選挙の秘密を守る自由を真剣に重んじましょう。

社会的・経済的・文化的諸領域に自分が積極的に参与する自由を真剣に重んじましょう。

学校教育において新しい精神を真剣に重んじ、教育の自由を真剣に重んじましょう。私ども西に生きる者が備えているべきこと、それは、開かれた心と扉を持つことです。しかし、私どもの方から、あちらの人たちの家の中にこちらの家の扉をいきなり開くようなことをしてはいけないのです。私どもの判断や習慣としてきたことを単純にあちらになだれ込ませるようなことをしてはなりません。西の経済力は、必要とされるところでは助けとならなければなりません。しかし、誰一人として相手を壁に押し付けてしまうようなことをしてはならないのです。西に生きる私どもは学ぶことができるはずであるし、学ばなければならないのです。

カメラを向けられてすぐ答えるのにはまだ慣れておられないあちらの方たちは、まず考えて、それから話し出すことがよいことを教えてくれます。新しく作られる諸政党は、事柄そのもののためになすべきことをよく考えることがまず大切であることを示してくれるでしょう。まずそれが大切なのであって、決して票を集めることだけであってはならないのです。

政党が互いに争うためにだけあるのではないこと、一緒に働くことが大切な場合もあることを思い起こすこともよいことです。私どもはそこで、互いに助け合うことができるのであります。

私どもには自由があります。私どもは自由を重んじ、自由を守ります。私どもが無作法をしないように、自由が守ってくれるわけではありません。自由を間違って用いて、自分だけで生きようとする過ちを犯す危険はいつもあります。私どもが得ている自由において、自分が真剣に責任をもって用いられることをこそ、私どもの喜びとし、感謝としたいと思います。私どもは、互いに仕え合うことによって自由に根差す私ども自身の生を成就するのであります。そのようにして自由のなかに堅く立ち続けたいと願います。

こう言って、ヴァイツゼッカーは東西ベルリンから集まった会衆に心からの挨拶を送ったのである。これは、そこで語られた全文である。引用するに足るものと信じたからである。この小さい書物で、いささか追究を試みた、この大統領のいつもの主張が、集中的に語られていることに、すぐ気づかれるであろう。おそらく、通例の演説の場合のようにゆっくり時間をかけて、多くの人の協力を得て準備するいとまもないままに語られたのであろう。それだけに、この簡潔な言葉のなかに、この人の言いたいことのすべてが語られていると見てよいのではないであろうか。

この言葉が語られて既に二年を経過した。今これを読んで改めて思うのは、実際には、その後のドイツ統一への歩みは、確かにヴァイツゼッカーがここで述べているような道を辿り損ねているのではないかということである。しかし、道は長い。過ちがあれば、またそれを改める道も備えられるであろうと思う。

教会堂の中でキリスト者に対して語られたものであるが、信仰の有無、区別を越えて、現代に生きる人間であるならば、受け入れられるものであろう。その中核にあるのは、やはり自由である。ドイツ統一は、人間の自由実現の壮大な実験であるかのようにさえ思えてくる。その思想的な指導者として、なおこの大統領が、言葉を語り続けている。ひとりのキリスト者として誠実に生き続けながら、ドイツを愛し、ヨーロッパを愛して語り続けているのである。

あとがき

一

私は、政治学者ではありません。また現代ドイツの専門研究者でもありません。ひとりの牧師でしかないのです。せいぜいキリスト教神学の一部門を専門として研究してきただけです。ただ、そのような立場にありつつ、現代の日本に生きるキリスト者として、自分の歩みを問い続けるとき、大統領リヒャルト＝フォン＝ヴァイツゼッカーの言葉と行動に関心を持ち続けざるを得ませんでした。ドイツにはいくたびか旅行し、また滞在生活をすることもありました。もちろん自分の神学研究のためですが、ドイツの神学を学ぶためにも当然のこととして、東西ドイツに生きる教会とキリスト者たちの思想と行動にも関心を持ち続けました。かなり旅行もしましたし、集会にも参加しました。そこで、キリストの教会に生きる信徒として自分の立場を明確にしながら、教会の枠を越えて信頼を集めて活躍する政治家リヒャルト＝フォン＝ヴァイツゼッカーの存在は、敗戦後のドイツの歴史において際立っていたし、独特の貢献をしていると思いました。その発言に共鳴するところも多かったのです。そこでその講演の翻訳を試みたりもしたのです。専門外を承知のことでしたが。

それに、本文に紹介したように、ヴァイツゼッカー自身が、政治の〈しろうと〉が、政治に関心を持ち、可能な限り参与することを喜んでいることを考えると、こうした〈しろうと〉が、ひとりの政治家を論じることにも意味があるかもしれません。しかも、この大統領の言葉は、神学者が読むときに放つ独特の光を持っていることも事実です。そのことを思いながら、自分なりの貢献をしたいと考えて、執筆しました。多忙な本務の合間を縫っての仕事でしたから、遅々として進まず、編集の方たちにはご迷惑をかけました。願うところは、このささやかな仕事が、決して一面的なヴァイツゼッカー像を生み出してはいないようにということであります。

政治思想研究を専門としない私のような者に執筆を依頼してこられた清水書院の願いは、リヒャルト＝フォン＝ヴァイツゼッカーの政治家としての業績の叙述とか、あるいは、その人間的側面の描写というのではなく、この独特の光を放つ言葉を語る人の〈思想〉の特質を、少しでも明らかにしてほしいということでありました。しかも、この大統領の背後にあるキリスト者としてのものの捕え方、考え方を、もっとよく知りたいということでもあるようです。それは、ひとつの正しい態度であると思います。今日、ドイツでは、この大衆的な人気を保つ大統領に関する書物の刊行が相次いでいます。その多くは、挿絵写真も多く、とくに大統領になってから訪ねた外国訪問の記録とか、その個人的な魅力を語るエピソードをちりばめ、チェスの名手である子息のこととか、夫人のこととか、家族のことまで詳細に伝えるものでもあるのです。その意味では、かなりの数の出版物が、大同小異なのです。しかし、私の知るかぎり、その思想的特質を明らかにしようとするような努力は、まだ本格的には始まっていないようです。私がここでしましたのは、専門的な思想的分析などというのではありません。多少とも、その特質を際立たせながら、できるだけヴァイツゼッカー自身の言葉に触れてほしいということが第一のことでありました。その発言を常に聞き続けるドイツ人とは違って、その言葉に触れることの少ない日本人にとっては、それが何よりも必要なことです。ひとりの思想家を理解するのにもっとも的確な道は、その人について書かれた書物を読むよりも、その人の言葉そのものに触れることなのです。しかも、この人の誠実な思索と言葉とに、私どもも日本人が学ぶことは多いのです。同じ敗戦国であった日本人、しかも長くドイツ文化に学び続けてきた日本人が、今、改めてこの人に学ぶことは必要なことです。私も、私たちが学ぶべきことはこれだというような頷く思いを重ねながら、その言葉を追ってみたのです。

啓蒙的な思想を持ち、しかもかなり保守的であった貴族の家に育ち、ナチに全面的に追従することはなかったものの、戦時中の外務次官、上級官僚のひとりとして、ナチに近いところで政務に携わった人の子であったヴァイツゼッカー大統領です。その父の戦争犯罪を裁く法廷の弁護人助手までしたのです。すぐれた教育を受ける道半ばで、青年期に達したばかりのところで、七年にもわたってただ戦争だけをしなければならず、激戦をいくたびも体験した人です。多くのこころの傷を負い、それだけに深い使命感を与えられて、政治家として立つ志を与えられたのでしょう。しかも、まず何よりも敗戦後のドイツの民主的な社会を形成する上で、私たち日本人にはまだ充分な理解も知識もない領域かもしれませんが、ドイツ・プロテスタント教会の得難い信徒指導者であった人です。そこで、民衆との対話を学び、民衆に語りかける言葉を体得したのではないでしょうか。聖書の教え、そこから生まれる倫理を、日本人が知っている〈ほんね〉と〈たてまえ〉などという便利な使いわけでごまかさないで、正直に、その通りに政治の世界でも生き、実践しようとした人でもあります。こういう人を尊敬し、重んじる気風がある政治的世界でもあるのです。どこか羨ましい思いもします。しかし、羨んでばかりいても意味はないのです。

この〈思索する政治家〉が、誠実なキリスト者であるということは、とても大切なことです。それは、他の信仰に生きている人びとにとっても重要な意味を持っているのではないでしょうか。その面にかなりの光をあててみました。現代にキリスト者はいかに生きるのか、宗教に生きる者は、どのように生きるのかという問いに対しても、ひとつの生きた問いになっているのではないでしょうか。

二

ドイツの大統領は、具体的な政策決定にはあずかりません。従って、ヴァイツゼッカー大統領も、国会で論議されているようなことがらについては、できるだけ発言を控えているようです。この小著は、その余地もあまりありませんでしたので、大統領の個々の発言や、個々の政治的問題についての態度決定などを記すよりも、一貫して変わらない思想の根本にあるものを明確にするためにこころを用いました。それはそれで許されることです。しかし、同時に私たちが問わずにおれないのは、こういうことについてヴァイツゼッカーだったら、どう考えるだろうという問いです。

鎌倉に住んでいますから、毎日ドイツの新聞を読んだりする生活はできません。ただ、衛星放送のおかげで、毎朝、ドイツからのZDFのニュースを、数時間の時間のずれを辛抱しながら、見ることができます。ドイツ語の勉強を兼ねてできるだけ見ています。外国人受入れが、現在のヨーロッパ諸国の大問題になっています。外国人排斥の暴力行為が、ドイツ各地で頻発します。コール首相の対応が鈍いという批判もあります。政党間で、この問題をめぐっての対立もあります。大統領は、こうした政党の態度に少々批判的でもあるようです。政争の具になどなり得ない深刻な問題だというのです。国民が一致して取り組むべき問題だというのです。外国人住宅を暴力的に襲撃した若者たちのニュースに続いて、大統領が、突然、外国人住宅を訪問し、子供と遊び、不安を取り去ろうと、笑顔で語り合っている姿をカメラは映します。ただ、子供たちは、このおじさんは誰だろうと思うばかりだし、大統領とは何者かもよく知らないようだと、少々の皮肉のこもったコメントもついたりしました。このようなところにもリヒャルト゠フォン゠ヴァイツゼッカー大統領の面目躍如があると思います。

一九九一年六月三日号の週刊誌「シュピーゲル」に、大統領とのインタビュー記事が載っていました。たまたま読んだのですが、たいへん印象に残りました。かなり長い記事なので、ここにそのまま翻訳して載せることもできません。しかし、かなりはっきりした言葉で、ドイツとヨーロッパの現在と将来について語っていました。その要点だけでも書いてみます。

現在の日本と同じで、湾岸戦争をきっかけにドイツ軍が、NATO地域以外の国々に、国連に協力するために派遣されることの是非を問う問いから始まります。ヴァイツゼッカーは、そのような問いを断固として拒否するようなことはしません。しかし、まず問い返します。今日の世界の政治の問題、またドイツの貢献ということからすれば、ドイツ軍派遣ということが決定的なことにはならない。国連の使命が軍事力による安全保障であると考えるのは、一九四五年以来の古い考え方であるというのです。世界の安全を保障する道はむしろ、人口過剰、飢え、窮乏、民族大移動のような戦争と窮乏を逃げてくる人たちの受け入れ、深刻化している環境破壊などである。アメリカ、日本、ドイツ、サウジアラビヤなどの豊かな国々が湾岸戦争に注ぎ込んだほどの資金を、国連が、それをもって主として南半球の経済的、社会的、環境的な安全保障のために努力することができたら、どんなによいか、南の問題は北の問題であることを知り、そのために国連が有効な働きができるように、組織を変えるぐらいのことをしなければならないと言うのです。そしてついでに、〈青の部隊（ブルー・ヘルメット）〉を国連の名で派遣するだけではなくて、〈緑の部隊（グリーン・ヘルメット）〉を派遣することを真剣に考えたらどうかと言います。これは、武器を持って戦う部隊ではなくて、緑を増やすために戦う部隊のことなのです。

シュピーゲルの記者は、国連の名によってなされた湾岸戦争についての大統領の判断をきちんと聞き出そうとしています。ヴァイツゼッカーも、それとなく、しかし、明確に判断を語ります。国連安全保障理事会がきちんと手続きを取っているのだから、不法な行為であったとはいわない。しかし、戦争を準備したのも、やってのけたのも国連ではなかった。国連事務総長は、戦争の後始末を頼まれただけであった。そう言いながら、核を持っている五つの安全保障常任理事国だけに国連の鍵を握られていることを問題とします。それは、ドイツが自分だけでも常任理事国に加わろうとすることでは解決しない。むしろ日本や印度などと協力して、加盟している諸国が国連の意思決定に深く関われるようにすればよいという考えのようです。戦後の歴史を決定してきた大国の権力による支配構造の変革を願っているのでしょう。そのためには、なお長い時間が必要であろうが、大国支配の国連機構は変えられるべきだという信念があるのです。

そこで重要なのは、ヨーロッパの将来です。国連安全保障理事会なども、別にドイツでなくてもよい、ヨーロッパの代表が出ていればよいのだと言います。ここでもヘルシンキ会議以来の全欧州安全保障会議に望みを託す言葉を語っています。そして、その後、情熱を込めて将来の統一されたヨーロッパの姿を語り、そのためにドイツがなすべきことを語ります。情熱を感じる言葉です。そこで、シュピーゲル記者は、いかにもジャーナリストらしい皮肉を込めて言うのです。「あなたのオプティミズム（楽観的なこと）は尊敬に値します。しかし、あなたの言葉は、まるで一片の政府声明みたいに聞こえますね」。ヴァイツゼッカーは、すぐに答える。「それは私を非難する言葉のおつもりですか。楽観的であり得るかどうかは、得てして、どのような時間的な地平でものを見るかによるのです」。つまり、短い時間の限りにおいて、ただ楽観的なふりをするのは、ひとを騙すことになる。しかし、長期にわたる展望において楽観的な態度を欠くならば、むしろ、そのような展望を持たないほうが宜しい。目の前の選挙のことだけ考えているような狭い視野では、展望も開けないであろう。これはヴァイツゼッカーのものの見方の特質をよく示すものだと思います。

ドイツ統一後、実際に統合がうまく進まず、かえって東西に齟齬が生じていることは、日本でも知られています。その点を、どう考えたらよいかという質問もあります。あなたの言われたように、うまくいってはいないではありませんか、というニュアンスが込められているようです。ヴァイツゼッカーも、予想以上の現在の困難を認めます。自分たちが知っているつもりでいた以上に、この何十年かの生活体験、生活そのものの相違が、今現れてきているのだと判断します。新しい東西の疎外が生じているとみてはいません。むしろ、困難をはっきり見ることができるようになっただけだと言うのです。だからこそ、ますます東西の者が分けあうことを知らなければならないのです。ただ物質的な面だけではなくて、共に重荷を負う以外にないと、ここでも心を込めて語っています。東側諸国で起こってきている民族主義も、これまでの圧制が、これまで、どれほど諸民族に無理を強いてきたかが顕在化してきたことだと理解し、ここでも長期的な展望をもって助け合おうと呼び掛けます。新しいヨーロッパの歴史が始まっているという望みをもって、困難に立ち向かおうというのです。

〈楽天家〉、確かにそうです。戦争中に、人間の知り得る限界のところでの〈深淵〉をのぞき込むような歴史的体験をしているこの人が、そこで絶望せずに、かえって、望みをもって長期の展望を、と語りかける言葉は、私のような者にとりましても、大きな慰めです。

日本人らしい感想かもしれませんが、ただ単に「ヴァイツゼッカー」と書くよりも、「ヴァイツゼッカーさん」とか、「ヴァイツゼッカー先生」とでも書きたい思いが時々突き上げてきました。読者の皆さんのなかにも、この人を愛し、慕う思いが生まれ、それゆえに、このような人に助けられ、この日本の将来についても、〈楽天家〉になることができれば、どれだけさいわいなことかと思います。

ここ暫く健康すぐれず、そのためにも苦労しましたが、根気よく見守り、励まして、刊行にまで至らせてくださった清水書院の皆さんに感謝いたします。また、このような小さな書物が生まれるためにも、あまり便宜には恵まれていない私を助けて、資料を届けてくださったり、いろいろ教えてくださった何人かの日独の友人たちにも心から感謝いたします。

一九九一年一二月　太平洋戦争開戦五〇周年の近き日に

加藤常昭

追記　一九九一年一二月、ヴァイツゼッカーに、ハインリヒ＝ハイネ賞が贈られた。「政治家として」ではなく、「すぐれたレトリカー」、つまりすぐれた言葉の使い手としてであると、テレビニュースはコメントしていた。

リヒャルト＝フォン＝ヴァイツゼッカー年譜

西暦	ヴァイツゼッカー年譜	一般ドイツ史
一九二〇	四月一五日、シュトゥットガルトに生まれる。父エルンストは駐在武官であったオランダから帰任したばかりであった。	国際連盟成立、ヴァイマール共和国内にカップによるクーデター起こるが挫折、ルール地方共産党による暴動。
一九二二	エルンスト、バーセル領事となる。	
一九二三		ミュンヘンでヒットラーによる一揆。
一九二四	エルンスト、コペンハーゲン勤務となる。この時以降、正式に外交官となる。同年、更にノルウェー大使館勤務となる。	
一九二六	コペンハーゲンで小学校入学。	ドイツ、国際連盟加入。
一九二七	エルンスト、ベルリン勤務となる。	
一九二九	ベルリンでギムナジウム入学。	
一九三二		総選挙、ナチ第一党となる。
一九三三	エルンスト、スイス大使となる。	ヒットラーの独裁始まる。ドイツ国際連盟より脱退。

一九三七	大学入学資格試験（アビトゥーア）合格、英国のオックスフォード留学。	日独伊防共協定成立。
一九三八	フランスのグルノーブル留学。兵役に就く。エルンスト、外務次官となる。続いてナチ入党。	リッベントロープ外務大臣となる。
一九三九	歩兵第九連隊に入隊。ポーランド侵入に従軍、この後、東部戦線で戦闘参加続く。	ドイツ軍、ポーランド侵入、第二次大戦始まる。
一九四〇	エルンスト、ナチと対立、ヴァチカン大使として左遷。	日独伊三国同盟成立。
一九四三		スターリングラードでドイツ軍ほぼ全滅。
一九四四		軍部によるヒットラー暗殺未遂事件。
一九四五	負傷して帰国、リンダウで静養。そのまま兵役を離れる。ゲッティンゲンで法律の勉強を始める。	ドイツ無条件降伏、日本もまたポツダム宣言を受諾して降伏。ニュルンベルク国際軍事法廷開廷。
一九四七	父エルンスト逮捕、軍事法廷被告となる。リヒャルトは、その弁護士の助手となる。	
一九四八		東西ドイツ分離始まる。ベルリン封鎖。行政上もベルリン東西に分裂。
一九四九	エルンスト有罪判決。禁固刑五年。ゲッティンゲンで学業再開。	西ドイツにドイツ連邦共和国、東にドイツ民主共和国発足。ＣＤＵ結成。

一九五〇	エルンスト釈放される。リヒャルト、鉱山業のマンネスハイムの法務・人事課で働き始める。	
一九五一	エルンスト死去。	西側諸国、対独戦争状態終了宣言。
一九五三	国家試験を終え、弁護士資格、上級国家公務員資格を得る。マリアンネ＝フォン＝クレッチマンと結婚。のちに三男一女を与えられる。	東ベルリンで民衆蜂起、ソ連軍が鎮圧。
一九五四	ゲッティンゲンで法律学の学位を得た。論文題は、“Der faktische Verein”。CDUに入党。	
一九五五		西ドイツ、北大西洋条約機構加盟、東は、ワルシャワ条約機構に加盟。
一九五八	エッセンとデュッセルドルフにあったヴァルトハウゼン銀行の頭取となる。	
一九六一		ベルリンの壁構築。
一九六二	ドイツ福音主義信徒大会議長団に入る。	
一九六四	同信徒大会議長。ベーリンガー会社の重役となる。	
一九六六	ボンで弁護士開業、CDUの連邦幹部会の一員となる。	
一九六九	プロテスタント教会の全国組織であるドイツ福音主義	ブラント首相の提唱で東側との和解

	教会総会議員、及び常議員会議員となる（大統領就任まで）。	政策始まる。
一九七〇	信徒大会議長辞任。	
一九七一	CDU基本綱領委員会委員長となる。	
一九七二	CDU・CSU連合国会議員団副議長。	ミュンヘンでオリンピック開催。
一九七四	CDU基本綱領・政策委員会委員長。	
一九七五		ヘルシンキで全欧州安全保障会議開催、ヘルシンキ宣言発表。
一九七七	信徒大会議長団三名のひとりとなる（八三年まで）。七九年から八一年まで議長であった。	
一九七九	ベルリン選挙候補筆頭となり、ベルリンで選挙戦始める。第一回は敗北。	
一九八一	国会（連邦議会）副議長のひとりとなる。ベルリンでCDUは初めて勝利する。ベルリン市長となる。	
一九八二		CDUのコール、首相に就任。
一九八四	連邦大統領選挙で選出される。第二次大戦終了四〇年記念演説。西ドイツ国家元首として初めてイスラエルを訪問。	
一九八九	大統領再選。	壁撤去、東ドイツ社会主義体制崩壊。
一九九〇	統一ドイツの初代大統領となる。	ドイツ統一。

参考文献

ここに紹介するのは、リヒャルト＝フォン＝ヴァイツゼッカーに直接に関係するものばかりである。しかも、著者自身が実際に手に取ってみたものばかりである。本文中に引用したものは、その都度、いちいちドイツ語は訳した上で、著者、書名を挙げておいた。そのすべてがここに再録されているわけではない。またここでは、原書名だけを挙げるに留めている。

まず日本語に訳されているヴァイツゼッカーの言葉である。
①『荒れ野の四〇年・ヴァイツゼッカー大統領演説』、永井清彦訳
本文中に紹介したが、初めに雑誌「世界」に掲載され、その後、岩波ブックレット第五五号として刊行された。村上伸の解説が付されている。
②『想起と和解』、加藤常昭訳、教文館、一九八八年
後出④の全訳である。
次に、ヴァイツゼッカー自身の著書であるが、ここに掲げるのは、すべて講演・対談などを集めたものである。
③ Richard von Weizsäcker, Die deutsche Geschichte geht weiter, DTV, 1985
これは、初め、一九八四年に別の出版社から刊行されたもので、ヴァイツゼッカーが大統領になるまでの重要な演説・講演・国会討論などを集めたもの。右は、それを文庫本として再刊したものである。
④ Richard von Weizsäcker, Von Deutschland aus, Reden des Bundespräsidenten, DTV, 1987.
一九八五年五月八日の演説、信徒大会での演説「ドイツ人とそのアイデンティティ」大統領就任演説、

それにオクタビオ・パスのドイツ書店組合平和賞受賞記念の講演を収めている。小著ながら重要な講演を収めた貴重なものである。

⑤ Richard von Weizsäcker, Brücken zur Verständigung, Reden, Verlag der Nation, 1990.

大統領になる前からの重要な演説から、一九八九年、壁崩壊直後の講話まで、かなりの数のものが収められている。東ドイツが消えてから最初の、東で刊行されたヴァイツゼッカーの講演集である。

⑥ Richard von Weizsäcker, Reden und Inteviews.

このような表題の文書が、ドイツ政府の Presse-und Informationsamt から刊行されている。一年に一冊、その間に大統領が行った公の発言の全部、そして放送、雑誌などのインタビューの記録である。私も全部を持っているわけではないが、既に六冊刊行されているはずである。

なお大統領の公式の演説などは、それがなされるとすぐに印刷になって刊行される仕組みになっている。

次にリヒャルト＝フォン＝ヴァイツゼッカーについての書物である。

⑦ Werner Filmer und Heribert Schwan (hg.), Richard von Weizsäcker, Profile eines Mannes, Knaur, o. J.

これは、初め、一九八四年に、Econ Verlag から刊行されたものであるが、それに一九八五年五月八日の演説を付け加えて、版を改めて刊行したのが、右である。ヴァイツゼッカーの生涯の輪郭を描きながら、それぞれの時代の共に生きた人びとの証言を重ねている。

⑧ Martin Wein, Die Weizsäckers, Geschichte einer deutschen Familie, DVA, 1984.

ヴァイツゼッカー家の歴史を辿りつつ、その重要な人物の伝記を書いている。リヒャルト＝フォン＝ヴァイツゼッカーについても、冗長ではないが、丁寧な叙述がなされている。

⑨ Helmut R. Schulze und Bernhard Wördenhoft, Richard von Weizsäcker, C.Bettelsman, 1987.

多くの写真を載せている。Schulze がカメラマンである。

このふたりが、また次のような書物も出している。この方は、写真よりもテキスト本位である。
⑩ Richard von Weizsäcker, Ein deutscher Präsident, Goldmann, 1987.
⑪ Wolfgang Wiedermeyer, Richard von Weizsäcker, Ein Denker als Präsident, Bonn Akutuell, 1989.
⑫ Friedbert Pflüger, Richrd von Weizsäcker, Ein Portrait aus der Nähe, DVA, 1990.
右の二冊については、本文中に言及している。

さくいん

【人名】

【事　項】

ヴァイツゼッカー■人と思想111　定価はカバーに表示

1992年6月1日　第1刷発行©
1996年6月10日　第3刷発行©
2015年9月10日　新装版第1刷発行©

・著　者 ……………………………… 加藤《かとう》　常昭《つねあき》
・発行者 ……………………………… 渡部　哲治
・印刷所 ……………………………… 広研印刷株式会社
・発行所 ……………………………… 株式会社　清水書院

〒102-0072　東京都千代田区飯田橋3-11-6
Tel・03(5213)7151～7
振替口座・00130-3-5283
http://www.shimizushoin.co.jp

検印省略
落丁本・乱丁本は
おとりかえします。

CenturyBooks

Printed in Japan
ISBN978-4-389-42111-3

CenturyBooks

清水書院の〝センチュリーブックス〟発刊のことば

近年の科学技術の発達は、まことに目覚ましいものがあります。月世界への旅行も、近い将来のこととして、夢ではなくなりました。しかし、一方、人間性は疎外され、文化も、商品化されようとしていることも、否定できません。

いま、人間性の回復をはかり、先人の遺した偉大な文化を継承して、高貴な精神の城を守り、明日への創造に資することは、今世紀に生きる私たちの、重大な責務であると信じます。

私たちがここに、「センチュリーブックス」を刊行いたしますのは、人間形成期にある学生・生徒の諸君、職場にある若い世代に精神の糧を提供し、この責任の一端を果たしたいためであります。

ここに読者諸氏の豊かな人間性を讃えつつご愛読を願います。

一九六七年

SHIMIZU SHOIN